3カ月で志望大学に合格できる

鬼管理

菅澤孝平
SUGASAWA KOHEI

幻冬舎MC

はじめに

「塾や予備校に通っているけどなかなか成績が上がらない」

「一生懸命勉強しているつもりなのに、勉強していない友達よりテストの順位が下だった」

「どんなに頑張っても授業にすらどんどんついていけなくなっている」


そんな悩みを抱えているそこの受験生！

悩んでいるだけでうまくいくほど受験も世の中も甘くありません。

今までどおりの無駄なやり方で受験勉強を続けていても、待っているのは「失敗」の二文字だけ。人生の第一関門ですでにふるい落とされてしまうことは明白です。


志望大学がFランク大学であればどうぞお好きなように。しかしこの本を手に取っている君は、少なからず一流とされる大学、東京一工、早慶上理、GMARCHなどの難関大学を目指しているはずです。

難関大学を目指す理由は人それぞれかもしれません。しかしここに厳然たる事実があります。それは難関大学に合格するかしないかで、人生そのものが180度変わってしまうということです。

例えば難関大学に合格することで有名企業や一流企業に就職するチャンスが倍増し、就職後も自分の能力を十分に発揮できる環境を得られます。その結果、生涯賃金も段違いに増えていきます。就職率、生涯賃金、さらには結婚、住居に至るまで、この大学受験という第一関門を突破できるかどうかで、豊かな人生を送れるか、それとも苦労ばかりの生涯を終えるか、それは人生の大きな分岐点となるといっても過言ではないのです。

もちろんお金がすべてではありません。しかし大学受験をクリアすることで、お金以上のもの、例えば自分の夢を叶えることや、幸せをつかむこと、そのためのより有利で現実的な環境を手にすることができます。一流ビジネスマンになる夢、科学者になる夢、そんな夢にも近づくことができるはずです。

だからこそ君の明るい未来のために、過去のやり方を捨て去り、新しい必勝の勉強法で受験勉強に取り組むべきなのです。

「そんなこと言っても、やり方を変えただけで成績がどんどん伸びるなんて信じられない！」

そう思うかもしれません。しかし私の考案した勉強法を実践することで、難関大学への合格が簡単に実現できます。その勉強法こそ「鬼管理」です。

私が高校生のときの偏差値は32しかありませんでした。勉強しても30分も集中力が続かないし、頭のなかではいつも部活動や漫画とゲームのことばかり考えており、まったくといっていいほど勉強していなかったのです。しかしこのままではいけないと気づき徹底的に勉強に向き合いました。最初のうちは結果が出ないことが続きましたが、担任の先生による助言もあり、試行錯誤を繰り返すことでついに難関大学に合格することができたのです。

そのときの経験から生まれた難関大学必勝法が「鬼管理」です。

この鬼管理は受験生の誰にでも役に立つと考え、実際に私が経営する塾でも取り入れ、それまで伸び悩んでいた生徒たちに指導してきました。その結果として生徒たちの東京一工、早慶上理、GMARCHなどの難関大学への合格率は83%となっています。

ではいったい、この鬼管理とは何なのか――それは大きく分けて「勉強スケジュール」「生活習慣」「モチベーション」の3つの管理を行うことです。

例えば勉強スケジュールはどの参考書の何ページをいつまでに終わらせる必要があるのか逆算して塾生ごとにスケジュールを組み、日割りで進捗管理をします。志望大学の入試問題の特性を把握し、不要な勉強項目を徹底的に排除したカリキュラムで学習効率を最大化しています。

生活習慣は、パフォーマンスに大きく関わる睡眠時間や食生活を管理し、そしてモチベーションは毎日小さな目標を設定し、それをクリアする成功体験の積み重ねで引き上げています。そうすることで1秒あたり・1時間あたりの受験勉強の効率性、効果を最大化させることが「鬼管理」なのです。

本書ではその「鬼管理」を徹底公開します。

鬼管理を実践すれば、今が受験本番の3カ月前だとしてもまったく遅過ぎることはありません。私のように偏差値が32だったとしても、難関大学合格に手が届きます。そして豊かな人生へのパスポートを手にすることができるのです。

受験に不安を感じ、成績アップに悩み、くじけそうになったり投げやりになったりしている君も、この本を最後まで読んだときにはまったく違った勉強スタイルを身につけ、志望校合格に一歩近づいているはずです。この本をきっかけに難関大学への切符を手にしてくれることを願ってやみません。

3カ月で志望大学に合格できる鬼管理　目次

［第2章］最短ルートで合格するために――
勉強スケジュール、生活習慣、モチベーションの「管理」がカギを握る

［第3章］　自身のポテンシャルを引き出す！

［第4章］ベストコンディションで受験勉強に打ち込む！

生活習慣の鬼管理

［第6章］偏差値30アップも夢じゃない！
鬼管理で合格した事例

［第1章］

やる気が出ない、勉強方法が分からない、成績が伸びない……なぜ受験に失敗するのか

多くの受験生に共通の悩み

勉強しなければいけないのは分かっているけどやる気が出ない。
勉強するにも何をすればいいのかよく分からない。
予備校に通っているのに成績が上がらない。
地頭が悪いからどうせ勉強しても志望校には届かないだろう。

多くの受験生が、こんな共通の悩みを抱えながら日々の受験勉強に励んでいるはずです。でもちょっと待ってください。みんな同じように悩んでいるからといって、それでいいはずはありません。同じ悩みを克服した人だけが、合格という栄冠を手に入れられるはずです。

もちろん塾や予備校の授業を受けたり、評判の良い参考書や問題集にあたってみたりとそれぞれに努力をしているはずです。ところが現役生で第一志望に合格できた人の割合は、だいたい10~30%くらいの数字です。確かに塾や予備校ごとに調べ方も主なターゲットの学校も異なりますから正確とは言い切れません。しかし現実として半分以上の人は受験に「失敗」しているのです。

こんな話を聞くと、ますますやる気になれない、努力は無駄だと思う人もいるはずです。しかしそんなことで見切りをつけて諦めてしまうのは馬鹿げています。なぜなら合格に手が届かないのは結局、必要な勉強が足りなかっただけのことです。そもそも勉強自体が無駄などということは絶対にありません。私自身は高校生のとき、自分の偏差値が30であるという事態に絶望しかけたことがありますが、その後の努力で結果的に難関大学に合格することができました。だからこそ自信をもって断言できるのです。

とはいえ、それが分かっていても実際に理想的な受験勉強を続けていくことが難しいのも事実です。私が経営するオンライン塾の塾生にも、入塾前後の時期には「やらなければいけないとは思うけどやる気が出ない」「何をすればいいのか分からない」という悩みを打ち明けてくる人はいます。これは何十年も昔から受験生のほとんどが抱えてきた永遠の課題であり、現代の多くの受験生にとっても共通の問題なのだと改めて思います。

しかし多くの受験生がこの問題を乗り越えて合格を勝ち取っていることも紛れもない事

実です。だから君にできないはずは絶対にないのです。

とはいえ、受験に失敗してしまう要因は確かにあります。そしてそれらを生み出したいくつもの認識によってみんな進むべき道を見誤っているのです。そういった間違った認識を改め、正しい勉強法を身につけるメソッドが「鬼管理」です。

たいていの受験生はまず学校での授業を第一に考え、それ以外の時間を受験勉強に充てようと考えています。しかし難関大学受験を突破しようと思ったら、その考えは捨てるべきです。他人が自転車に乗っている姿を見て、自転車に乗れるようにはなりません。自分で自転車に乗ろうとするから乗れるようになるのです。受験勉強も同じです。つまりは自分で勉強をしないと成績は上がらないのです。合格するための勉強の基本は「自学自習」つまり自分ですべてを管理し、自分一人の力で勉強することです。

しかしそれは簡単なことではありません。だからこそ「鬼管理」によって正しい勉強法を身につける必要があるのです。

受験に失敗する7つの要因

具体的な「鬼管理」の説明の前に、よくある受験の失敗例を知っておきましょう。たとえ「鬼管理」を知っても、これらの例に該当していては意味がありません。

①やらなければいけないと分かっていても気が向かない

その第1の要因が「やる気に頼ること」です。

頭ではやらなければいけないと分かっていても、いざ机に向かっても違うことを考えてしまっている、参考書を広げてもやる気が湧いてこない――こんな受験生は山ほどいます。ふと我に返り、こんなことではいけないと気を取り直しても、モチベーションを保てないままで勉強が長続きせず、ただずるずると机の前で時間を無駄にしていくだけです。

しかし「やる気が出ないから今日は勉強をしてもはかどらないだろう」という考え方は、ただのなまけものの言い訳に過ぎません。受験を失敗に終わらせるこんな最悪の言い訳は今すぐ捨ててください。限られた時間のなかで成績を伸ばさなければいけないときに、やる気などという、あいまいで不確かな抽象的なものを理由にして、それにパフォーマンスが左右されているようでは目標達成など絶対に不可能です。やる気のあるなしだけで合格できるほど受験は甘くはないのです。

それでも人間ですから、どうしてもやる気の有無に引きずられてしまうこともあるでしょう。だったらそれをコントロールする効果的な方法を身につけておくべきです。

そもそもやる気というのは自分の内面から湧いてくるものではなく、むしろ外部からの刺激に反応して引き出されることが多いのです。例えば、多くの人は飽きることもなく延々とスマホを操作し続けます。しかしそれは操作するぞ、というやる気を内面から引き出しているからではなく、スマホ側が操作に対して反応・結果を返すから、さらにそれに反応して操作し続けるという動機づけがされるからなのです。

これを受験勉強に当てはめると、一人で勉強している場合は具体的な反応や結果が返ってこないため、勉強を続けるだけの動機づけがされずやる気が失われるのです。受験勉強において自学自習をいかに充実させるかは非常に重要なはずなのに、完全な独学のみでは継続が難しいという理由がここにあります。また、予備校の大教室などで特にアクションもせずリアクションも受けず、大勢いる生徒の一人になっている状況でも、結局同じことがいえます。

やる気が学習効果に影響するというのであれば、気分だけでなんとなく「やる気が出た」「出ない」と言っているのではなく、自分の意志で、あるいは周囲の力を借りて、コントロールできるようにする必要があります。

②勉強のやり方が分からずやりがいがない

失敗の第2の要因は「間違った勉強法」です。

多くの受験生は、塾や予備校に通ったり、独学で教科書や参考書、問題集に取り組んだりしています。特に難関私立大学や国公立大学合格を目指す人は、なんとしても成績を上げて合格判定を勝ち取ろうと人一倍努力しているはずです。しかし、どれだけ一生懸命勉強しても思うように成績が伸びない、偏差値が上がらないと悩んでいる生徒は少なくありません。

毎日ちゃんと勉強をしているのに成績が伸びない理由は何か。それは勉強の仕方を間違えているからです。受験勉強には時間も場所も必要ですが、なによりも正しいやり方で取り組まなければ、能力を引き出せないまま結局失敗の道をたどることになります。

例えば、教科書や参考書をしっかり読み込んでいるという人がいます。それで理解できればいいのですが、目で追うだけでは勉強したことになるはずがありません。そのときはなんとなく分かった気になってもすぐに忘れてしまい、いざ問題を解く段になると歯が立たなくなります。

また、分からない問題があったとき、解答解説を見て、そのときはなるほどと思っても、あとで同じ問題に出合ってもやっぱり解けないということが頻繁に起こります。見覚えのある問題だな、とは思っても、解き方までは思い出せないのです。

塾や予備校の授業も同様です。人気講師の解説を聞いて、なんとなく理解した気になっても、そこで解説された問題と似た問題が出たとき、自分一人で解けなければなんの意味もないのです。どんなに一流の講義を聞いたところで、それだけで身につくものなどほとんどありません。自分がその内容を正しく理解しているかを確認し、一人でも解けるようになって初めて、授業の内容が身についたといえるのです。

こうした見当違いの勉強をしている人の多くは、なんのために勉強するのかという目的からすでに間違えてしまっています。ただ出された宿題を終えるため、勉強しろとうるさい親を黙らせるため、その日の勉強時間のノルマをクリアするためなど、勉強することそのものが目的になってしまっているのです。

自分のなかに潜在する能力、ポテンシャルを引き出すこと、掘り起こすことが勉強の本来の目的です。ただ表面をなぞるだけの作業で時間をつぶしているだけではまったく無意味です。当然成績アップは望めませんし、志望校との距離は1ミリも縮まりません。たとえ2時間勉強したとしても、その行為自体にはまったく意味がなく、2時間勉強しただけの成長があって初めて「勉強した」といえるのです。

こうした傾向は、もともと受験に対する目的意識が希薄な生徒に多く見られます。この大学に行きたい、そのために成績を上げなければならない、という思いよりも、やらされ感のほうが勝っており、自分の受験のはずなのにどこか他人事のような感覚をもっているのです。

勉強の正しいやり方を知るには、塾や予備校などの「受験のプロ」から一定の指導を受けるのが近道なのは確かです。何もかも独学でやろうとすると、高校受験などの経験だけから手探りで行うことになるので、その時間がもったいないうえに、最終的に的外れなことをしているということになりかねません。

③塾や予備校に通っているのに成績が伸びない

第3の要因、それは「塾や予備校への依存」です。

志望大学合格を目指して、塾や予備校に通っている人も多いと思います。もちろん、こうしたスクールを有効活用して成績を上げ、志望大学への切符をつかんだ受験生は過去にもたくさんいます。スクール側はこうした実績をアピールするので、すべての卒業生が夢を叶えているようなイメージをもっている人もいるかもしれません。

しかし現実はまったく異なります。着々と成績を上げて合格を果たす受講生だけが注目を集め、実はその裏でいくら通ってもまったく成績が上がらない受講生がたくさんいることには触れられていないのです。むしろ、WEB学習サービスやYouTubeの講義動画で独学している生徒のほうが、よほど成績がアップしているという逆転現象が見られることもあります。

それも当然で、合格実績の高い塾や予備校に入ったり、有名講師の授業を受けたりしたからといって、それだけで成績が上がるわけではありません。どんなに質の高い授業を受けても、自分自身での主体的な学習をプラスしなければ、自分の潜在能力を引き出すことにはならず、授業の内容の多くは右から左へと通過し、忘れてしまいます。

塾や予備校へ通っているのに成績が上がらない理由は「主体的な学習」がおろそかになっているためです。ただ通っていることや講義を受けていることに満足してしまい、どれだけ講義を受けようが、指示されたとおりに予習復習をしていようが、結局は「こなすだけの勉強」になっているのです。

さらに、多くの塾や予備校では通う曜日が決まっており、これも成績向上を阻む要因の一つになっています。特に予備校の場合は週に1回程度しか通っていない人も多いのですが、これは週に1回しか成績をアップさせる機会がないことと同義です。週2回、3回なら少しはマシかもしれませんが、根本的な解決にはなりません。

入試本番で発揮できる実力を高めるには、受け身ではなく自分自身で理解できているかを確認しながら勉強を進めていくことが不可欠です。志望大学に合格したいなら、こなすだけの勉強をすぐに捨てて、毎日主体的に学習する習慣を定着させる必要があります。

④"自己流"はただの遠回り

そして第4の要因となるのが「自己満足の勉強」です。

受験生には自学自習が重要ですが、だからといって塾や予備校がＮＧで、独学がＯＫなのかというと、そんな単純な問題でもありません。

独学と自学自習は似ているようで異なります。単に塾に通わず一人で勉強しているというだけでは自己満足的な勉強に陥りやすく、現在の実力をさらにアップするための能力を引き出すことのできない、いわばこなすだけの勉強になってしまいがちです。ですから正しい勉強法と適切な計画の基で行う自学自習に取り組むことで、初めて結果が表れるのです。

分からなかったことを分かるようにして成績をアップさせるためには、自分が取り組んだインプット（入力するという意味、勉強では情報を得たり覚えたりすること）を正しいアウトプット（出力するという意味、勉強ではテストに解答したり、人に教えたりすること）につなげ、それを常に確認する必要があります。必ずしも毎日である必要はありませんが、勉強した内容を正しく理解し、得点できるレベルに達しているかは、定期的に確認することが重要です。

正答できなかった問題があった場合、答えを見て分かった気になっているだけでは次もまた同じ間違いを繰り返すだけです。なぜ間違えたのか、何が分かっていなかったから間違えたのか、同じ間違いをしないためには何をする必要があるのかを分析し、改善してこそ、できなかったことができるようになり、成績は上がるのです。

逆に、すべて正答できたらそれでOKかといえばそれもまた違います。自信をもった解答でマルが付けば問題ありませんが、いまひとつ確信をもてないのにたまたま正解だった場合や迷った場合などは、理解が十分ではありません。この場合も、なぜ迷ったのか、何の知識があいまいだったために自信をもって解答できなかったかを必ず振り返り、インプットをし直す必要があります。

自己流の間違った独学では最短距離での勉強をすることができないので効果を最大化で

きず、貴重な時間を無駄にするばかりです。計画性をもち、意識してインプットとアウトプットを循環させていくことが自学自習の肝なのです。

また時間の貴重さということでは、塾や予備校、学校などで解放されている自習室の活用についても注意が必要です。集中できる環境であるなら積極的に活用すればいいとは思いますが、自習室でないと勉強できないと感じるほど依存するのは危険です。

家の隣が自習室だというなら話は別ですが、外出の支度や往復にかかる時間も毎日積み重なると相当な時間になります。本来は1分1秒でも多く勉強しなければならないのに、自習室が開いている時間にしか勉強できないというのでは、自宅で集中して勉強できる生徒と比べれば勉強時間は極端に短くなってしまいます。

自宅以外にも勉強する場所があると気分が変わって集中できるという人もいますから、自習室での勉強を否定するわけではありません。自習室を使う、使わないにかかわらず、まずは自宅で集中して勉強できるよう環境を整えることが、成績を上げ合格に近づくための自学自習には絶対に欠かせないということです。

⑤受験勉強「以外」の時間はダラダラしている

さらに「オフタイムの無駄遣い」が失敗の第5の要因です。

勉強の方法をどうするかという問題のほかに、生活全般の過ごし方でも成績上位者は時間の使い方が上手です。勉強時間だけ急にやる気になって、効率よく最大限の力を発揮できるというわけにはいきません。

スポーツで例えると、試合に勝とうと思えばゲーム開始のホイッスルから頑張るわけではないはずです。準備運動の時間の取り方やその日の朝食、あるいは前日の食事や睡眠時間などにも気をつけるのは当たり前のことです。勉強時間、あるいは塾や予備校の授業時間も、ウォームアップの時間を「始めてから」取るか、「始める前に」取るかで差が出るのは当然なのです。

受験勉強は、毎日の限られた勉強時間が「試合」のようなものです。普段から生活習慣を整え、バランスの取れた食事を取り、体調管理をしっかりしておかなければ、いざ勉強を始めても脳や体には響いていきません。

なかでも重要なのが睡眠です。睡眠時間は脳の働きや体調全般に影響します。睡眠をおろそかにするとコンディションが悪化して意欲が低減します。それだけでなく、そんな状態で学習をしても成果にはつながらないので、なおさらモチベーションは下がってしまいます。これは受験勉強に限らず、ほとんどすべてのことに共通している当たり前のことのように思えますが、受験という特殊な状況下では、しばしば生徒も保護者もそのことを見失ってしまいます。

将来のために寝る間も惜しんで努力すべきだといってスケジュールを過度に詰める。ただダラダラと時間を浪費した挙げ句に「自分は夜型だから」などと勝手な言い訳をして、計画性もなく夜遅くまで勉強したりする。こんな睡眠不足や疲労が溜まるような学習はまったく無意味です。少なくとも、体調を崩して寝込み、その数日の損失を取り戻さなければならなくなるリスクに見合うものでは絶対にありません。結果として成果が上がらず、周囲から取り残されたような状態になってしまえば、追いつくためにやる気を奮い起こすことも難しくなってしまいます。

⑥高校受験と大学受験を同じように考えている

第6の要因は「偏差値の落とし穴」です。

実力を知るための材料として偏差値を参考にする人は数多くいます。高校受験で難関校に合格した高校生のなかには、大学受験も同じだと考えたり、このまま難関大学に行けると甘く見たりしている人も少なくありません。しかし偏差値65の高校に合格できたから偏差値65の大学にも簡単に合格できると思っているなら、それは大きな間違いです。

高校受験と大学受験では参加する層がまったく違います。中学3年生は100％とはいいませんがほとんどが高校受験をします。一方、高校3年生で大学受験をするのはほぼ半数で、就職や専門学校などへの進学など、四年制大学を目指さない人も同じぐらい存在します。決してすべての人がそうではありませんが、一般的に成績の良い人は大学を目指し、そうでない人はそれ以外の進路を選ぶ傾向が見られます。

要するに高校受験と大学受験では、母集団のレベルがまったく異なるので、高校の偏差値を大学の偏差値にそのまま当てはめることはできないのです。高校で一般的な勉強を続けている限りは、合格できる大学のレベルは合格した高校の偏差値の10ぐらい下だと考えてください。つまり、偏差値65の高校に合格した人で、その後大きく成績を伸ばすことができなければ、合格できる大学の偏差値レベルは55ということになります。自分が通う高校の進学実績を確認してみれば一目瞭然です。面白いほどに高校の偏差値より10下の大学に進学する卒業生が大半であることが分かるはずです。

また高校受験の場合、学校の定期テストの対策ができていれば受験勉強はそれほど大変ではありませんし、丸暗記でもある程度対応できました。しかし大学受験では、勉強のボリュームが圧倒的に増えているうえ、論理的に考える力や応用する力が求められます。

そもそも志望校は偏差値ありきで選ぶものではありません。自分が目指す将来の目標に向けてそれに合った大学を志望し、そこを目指して成績を伸ばしていくというのが本来のあり方です。その際の一つの指標として偏差値は参考になりますが、それも全国的な模試の結果で出てくる偏差値でなければ無意味です。自分が今在学している高校の偏差値に照らして大学選びをすると、間違いなく失敗します。

⑦成績が伸びないのは地頭が悪いからではない

そして第7の要因、それが「責任転嫁」です。これは努力不足を能力不足にすり替えて自分自身を納得させようという滑稽で姑息な手段です。

正しい勉強のやり方以前に、そもそも成績上位の優等生はもって生まれたものが違う、と思っている人もいるかと思います。もともと頭がいい人はいつも成績が良くて、そうではない自分は勉強してもなかなか成績が上がらない、と嘆く受験生の声も数多く聞かれます。実際、私が経営する塾に入塾してくる生徒にも、自分は地頭が悪いから、とこぼす人がいます。しかし地頭＝もともともっている能力、つまりその人のポテンシャルという点だけで大学の合否を決定づけるほどの差があるはずがありません。

はっきり言って地頭が悪いというのは、自分の成績の悪さを正当化するための単なる言い訳に過ぎません。勉強をするのが面倒だから、勉強しても仕方がないということにして逃げているだけです。厳しい言い方に聞こえると思いますが、大学受験専門の進学塾を経営してきた経験から、私は確信をもってそう断言できます。地頭が悪いから勉強しても意味がないという人間はいません。単に正しい勉強方法で量をこなしていないだけなのです。

成績の良い人は、正しい勉強方法でかなりの量の勉強をしています。勉強なんて全然していない、という顔をしているのに成績がいい人もいますが、そういう人ほど隠れて頑張っているか、あるいは勉強するのが当たり前の日常になっているものです。

実際に、入塾時には自分の頭の悪さを嘆いていた生徒でも、成績を上げられるだけの勉強量をこなすと、テストの点も少しずつ上がり、偏差値も伸びていきます。それまでは理解できなかったことが分かるようになり、取れなかった点が取れるようになり、そのとき初めて、成績が悪かったのは自分の頭が悪いのではなかったのだと気づくのです。

受験産業の業界では、有名大学に合格するために必要な勉強時間はいわゆるMARCH（明治大学、青山学院大学、立教大学、中央大学、法政大学）や関関同立（関西大学、関西学院大学、同志社大学、立命館大学）レベルで3000時間、早慶や国公立などで4000時間といわれています。この数字にどういう根拠があるのかは分かりませんが、私も数多くの受験生を見てきた経験から、あながち間違ってはいないと感じています。

成績は、正しい勉強で重ねてきた学習時間にほぼ比例します。もともと成績が悪い人は、小学校や中学校の勉強が足りていないだけで、地頭が悪いわけではありません。

地頭に関係なく、正しい方法で必要な勉強量をこなせば誰でも成績は伸びますし、その努力は決して裏切りません。正しい努力によって引き出された能力は、再び引っ込むことはないのです。これから受験に向き合おうとする人は、まずはこの当たり前の事実を理解し、受け入れる必要があります。

成績を伸ばすだけでは、合格に届かない

やる気もそれなりにあるし、教わった正しい勉強を続けてきた、それでも成績が思うように伸びない、合格が危ういと嘆く人もいます。こんなときは弱気にもなって、やはり自分には勉強が向いていない、地頭が違う、やっても無駄だなどと思ってしまいます。しかし、努力が無駄だということは、絶対にありません。

目標を決めて一生懸命努力していれば、少なからず力はつきます。ただ受験においては、努力の内容、努力する時間、努力する量などを正しく見積もらず、漠然と行ってしまうと、合格という「成功」に届くために必要なだけの力を入試当日までにつけることがで

きず「そこそこ頑張った」で終わってしまうのは確かです。

志望校合格のために必要とされる学力レベル（ゴール）と、今の自分の実力（スタート）を見極めて、ではあとどれくらいの期間で、どれだけの実力をつける必要があるのかということを逆算して自分のための計画を立て、実行できなければ合格はできません。したがって、きちんと考えて志望校を見定めることはもちろん、今の自分の実力を見誤らないことが重要になります。しかし、多くの人は目の前の偏差値に振り回されて、この判断が正確にできなくなっています。偏差値はあくまでもその時点で表に出ている自分の実力を示す指標であって、その人のもつ全能力を測るものではありません。

正しい勉強法で、必要な時間、ベストコンディションでしっかり取り組めば、自分のなかにあるポテンシャルを引き出して、さらに実力を伸ばしていくことができます。かつ、それを志望校の合格に必要なラインに届かせる計画性をもって進め、徹頭徹尾、やり遂げることで合格できるのです。

ハードルの高いことを言っているように聞こえると思います。実際、現役で第一志望に合格できる人だけがそれをやり遂げたと考えれば、楽なことでないのは当然です。しかし不可能ではありません。あえて断言しますが、これは誰にでもできることなのです。

分かれ目はたった1つ、やるかやらないか

自分は頭が悪いから、などと言い訳をして勉強をしてこなかった人にとっては、いきなり耳が痛い話かもしれません。でも、心配はいりません。大半の受験生は同じようなものです。勉強をしなければいけないと分かってはいても、スマホから目が離せない、気がついたら寝る時間になってしまった、今日も部活とゲームで終わってしまった、などと言い訳しながら大切な時間を浪費しています。

私は自分の塾に入塾する生徒以外にも、たくさんの受験生に接する機会があります。彼らには、塾や予備校の授業を聞くだけでなく、正しい方法で3000時間の自学自習を実行すれば志望大学に合格できるよ、とアドバイスしているのですが、それを実行に移す人はせいぜい10人に1人ぐらいのものです。残りの9人は、面倒くさがったり、そんなの自分には無理だと言い訳したりして、行動を変えることはありません。

しかし、私のアドバイスを素直に受け入れ、実行した1割の受験生は成績を大幅に伸ば

し、志望大学に合格しています。その分かれ目はたった1つ、やるかやらないか、それだけです。つべこべ言わずに計画を立ててそのとおりに実行する、それだけで9割の受験生を出し抜くことができるのです。

君が本気で大学合格を目指しているなら、今すぐに状況を改善すべきです。逆に言えばこの本を手にした今こそが最大のチャンスです。なぜならそのためのメソッドこそ「鬼管理」だからです。

7つの不合格要因すべてを粉砕し、君たちを合格へと導く「鬼管理」は決して難しいものではありません。さあ、やるのかやらないのか？「鬼管理」はやろうとする強い意志をもった受験生にのみ力を貸す最強のアイテムです。

［第2章］

最短ルートで合格するために――勉強スケジュール、生活習慣、モチベーションの「管理」がカギを握る

具体性のないスケジュールには意味がない

ここまで受験に失敗する7つの要因を挙げてきました。ではどうすればこれらをクリアして合格への道を切り開けるのか？　その具体的な方法を紹介していきます。

一般に難関大学に合格するには3000時間の正しい自学自習が必要といわれています。3000時間の勉強を1年間で終えるには、365日で単純に割り算をすると、1日あたり8・2時間の勉強が必要になります。学校のある平日にこれだけの勉強をするのは難しいので、平日は6時間、休日や長期休みには13時間の勉強時間を確保しなければなりません。

一人でそんなに勉強することができるだろうか、と多くの受験生が不安に感じるはずです。もちろんこれだけの勉強を着実にこなしていくには、勉強のスケジュールや生活全般、勉強法に至るまで、徹底的に管理する必要があります。なぜなら限られた時間のなかで最大限効果を上げるためには、極力無駄を排して効率的に勉強を進めなければならないからです。ただやみくもに勉強するだけでは、最短距離での成績アップは望めません。必ずゴールから逆算した計画を立て、必要な学習を正しい方法で継続していく必要があり、それを着実に実行していくには勉強と生活全般の管理＝マネジメントが欠かせません。

受験生が最短距離で志望大学合格をつかむためには、合格までに必要な勉強を逆算して学習計画を立て、行動を1日ごとに管理し、何をすればいいのかを常に明確化することが必要です。ところが多くの受験生が自分で立てているような不完全な学習計画は、ここでいう正しい管理にはつながらないのです。

すべてを具体化する「鬼管理」とは

そこで、着実に合格に必要な勉強を実行していく管理術として私が提案しているのが「鬼管理」です。ご存じのとおり、鬼はもともと忌み嫌われる想像上のモンスターではありますが、最近は「とても」あるいは「程度がはなはだしい」という意味で、若い世代を中心によく使われるようになっています。鬼管理の鬼は後者の意味で、ただの管理ではなく成果を実感できる管理、本物の管理という意味で使用しています。

そういわれても、普通に学習計画を立てて実行していく方法と何が違うのか、と疑問をもつ人も多いと思います。鬼管理の本質は、「抽象的な要素を排除し具体化を徹底する」点にあります。

抽象的とは具体性に欠けていて実態が明確ではないことです。例えば、ある人が「自分は本が好きだ」と言ったとします。ただそれだけでは、漫画なのか、小説なのか、それとも実用書なのかまったく分かりません。「本」という言葉は抽象的で何の本か分からないので、正しく伝えるには「自分は漫画が好きだ。そのなかでもバトル物が好きで、○○という漫画に今はまっている」などと具体化する必要があります。

同じように、「受験に向けて勉強を頑張ろう」という決意をしたところで、抽象的過ぎてなんの具体性もありません。これでは何をいつ、どこで、どれぐらい、どうやって勉強するかも分からず、そもそもそれが合格に必要な勉強なのかも分かりません。

受験勉強の場合、志望大学合格のために必要な学力を身につけることが求められます。そのために必要な勉強は何かを洗い出し、いつ、どこで、何を、どのぐらい頑張る必要があるのかを具体化しなければなりません。

それを受験本番までにすべて終えられるよう計画に落とし込み、今日はどのような勉強をどこまで進めればいいのか、明日はどのような勉強をどこの領域まで進めればいいのか、この科目のやり方はどのような手順で行えばいいのかを徹底的に具体化してこそ、成果を出せる計画になります。

本番までの期間が短いほど、当然ながら1日の勉強時間は長くなります。それだけの勉強時間を確保し、パフォーマンスを最大化するためには、勉強時間以外の生活にも管理が必要になります。勉強も含めた生活すべてを管理することで、ようやく志望大学に届くだけの力を積み上げ、合格をつかむことができるのです。それらの行動を私たちは「鬼管理」と定義しています。

入試に向けて準備できる時間は限られており、1分1秒も無駄にはできません。受験生の行動はすべてが成績向上につながる必要があり、関係のない無駄な行動をしている暇はありません。鬼管理では、やるべきことを徹底的に具体化するのはもちろん、やらないことや諦めることも具体化していきます。

「やらないこと」のなかには学校での授業も含まれます。限られた時間内で結果を出すためには、受験に特化した時間の使い方を実践しなければなりません。合格できない受験生の特徴の一つに、「授業を受ける受験生」ということがあります。

受験に無関係な授業や通り一遍の教科書どおりの授業ははっきり言って時間の無駄です。学校推薦を受けるなら日頃の授業も大切でしょうが、そうでなければ受験に不要な授業は切り捨ててもよいと思います。しっかり勉強して入試で合格すればいいだけの話ですから。さらに学校での授業は、全員に対して同じ解説・同じスピードで行います。どれだけ理解していても先には進めませんし、どれだけ理解できていなくても、周りに合わせて進んでいきます。誰もが損をする仕組みなのです。

ですから合格のためには授業ではなく、自学自習が基本となります。鬼管理はそれを目指す人のための強力な武器となるはずです。

受験生自身が正しい自学自習を継続すれば、成績は上がっていきます。それを着実に実行していくために生活全般を徹底的に管理すること、これが鬼管理のエッセンスであり、志望大学合格をつかむために必要な行動なのです。

鬼管理を実行するための6つの法則

それでは実際に鬼管理を実行に移すために必要な6つの法則について見ていきましょう。

①5W1Hを明確化し行動を具体化する

合格に必要な行動も、抽象的過ぎると実行に移すことが難しくなるので、徹底的に具体化する必要があります。そのためには、まず5W1Hを意識するのが有効です。「When＝いつ」「Where＝どこで」「Who＝誰が」「What＝何を」「Why＝なぜ」「How＝どのように」勉強するかを明確にします。これによって自分がこれからやるべきこと、整備すべき環境がはっきりします。勉強のやり方が分からない人にとっては極めて有効です。

例えば、英単語の勉強をする場合、次のように5W1Hを意識してみましょう。

5W1H を意識した行動の具体化

		具体例（英単語の勉強）
When	長期計画と 1日の計画	・7月までに単語帳を全部覚える ・8月〜11月で3冊のテキストを反復する ・〇時〜〇時まで勉強する
Where	勉強をする場所	・自宅の勉強部屋 ・塾のある日は自習室 ・お風呂、通学バスや電車
Who	誰が	・勉強する（自分） ・健康に配慮した食事の準備（親） ・家の中で遊ばない（兄弟）
What	勉強内容	・単語帳の〇〜〇ページまでを覚える
Why	モチベーション	・なぜこの大学を目指すのか ・どんな大学生活を送りたいのか
How	勉強方法	・語源や語呂合わせをする ・イメージしながら音読する

鬼管理ではこの5W1Hを徹底的に具体化し、受験生が合格までに必要な行動をあらかじめ決めておくことで、迷ったり無駄な時間を費やしたりすることなく実行に移すことができるのです。さらに具体的な勉強のやり方が分からない人、見直したいと考えている人はここから先をきちんと読んでみてください。

②計画には数字を盛り込み、行動を具体化しよう

鬼管理をするためにもう1つ重要なことは、受験勉強の計画や行動に必ず数字を盛り込むことです。今日は夜までみっちり勉強を頑張るぞ、ではなくて、何時から何時まで勉強するのか、何教科を何時間ずつ取り組むのか、どの参考書を何ページから何ページまで終えるのか、食事時間や休憩時間を何時から何時まで取るのかといった具合に、すべて数字を伴う計画にするのです。

鬼管理では5W1Hを明確にしたうえで数字を伴う計画にすることで、行動がより具体化され、「今何をするべきか」を明確化させることができます。計画から一切の抽象性を排除できるので、机に向かったはいいけど何をすればいいか分からない、ということがな

くなり、あとは計画どおりに行動するだけという状況になるのです。

こうすれば迷わないうえ、途中経過でも時間どおりにできているかどうかを確認しながら勉強を進められます。気がついたら関係のないことをしていた、ということも起こりにくくなるので、計画と行動には必ず5W1Hの情報と数字をプラスすることが必須です。

③成績アップにつながる勉強を目指そう

計画を立てて行動するだけという状況をつくったら、あとはそれを実行していくわけですが、それが目的になってしまわないよう注意が必要です。最終的な目標は学習計画を実行することではなく、それを実行して成績を上げて志望大学に合格することです。

今日は12時間も勉強できたぞ、という達成感だけで満足していては、その1日で本当に志望大学までの距離を縮められたかどうかは分かりません。成績を上げるには、できなかったところができるようになって、それまで落としていた点数を取れるようになることが必要です。

自学自習に取り組む人は、まず自分がやっていることが本当に成績を上げるための勉強になっているかどうかを、シビアに検証する必要があります。というのも、成績向上につながらない間違った勉強をしている人があまりにも多いからです。

勉強そのものが楽しいとか志望大学合格という目標が特にない人なら、その人なりの勉強で結構。しかし受験生は志望大学に合格するための勉強にフォーカスする必要があります。ところが実際は、成績アップの意味さえ分かっていない人が少なくありません。

成績はこれまでできなかったことができるようになることで向上します。テストであれば、これまで解けなかった問題が解けるようになることで点数が上がります。

つまり成績向上のためには、①できない問題・領域がどこかを見つける　②できない問題・領域に対して解決策を実行する、という2つのプロセスが必要となります。

これは明確な目的意識をもっていないと実行できないプロセスで、漫然となんとなく勉強しているうちは絶対に不可能です。勉強しているのに全然成績が上がらない、と嘆く人の多くは、勉強をこなすことだけが目的になっていて、自分の弱点を積極的に見つけようとしていません。すでにできているところを何度もやったり、できていない問題も解答を見てなんとなく分かった気になったりして、必要な解決策を実行できていないのです。

こなすだけの勉強ではなく、これまで解けなかった問題を正答できるようになる勉強を積み上げて初めて、点数は上がります。昨日までは理解していなかったことを理解し、解けなかった問題が解けるようになって初めて、その日は勉強したといえるのです。

着実に成績を上げるには、勉強した内容をしっかり理解できているかを客観的にチェックする必要があります。出された課題に対し、それがきちんと理解できたかどうかを確認するのです。

間違えた問題、できなかったことがある場合はその都度必ず分析改善をします。分析とは、なぜ間違えたのか、できなかったのかの理由を突き詰め、原因を究明することです。そして同じ失敗を繰り返さないための解決策を具体的に施すことが改善です。一度間違えた問題は二度と間違えないようにすれば、あとは知らない問題だけを埋めていく勉強をすればいいだけですから効率は劇的にアップします。

自分がどれだけ理解しているかをきちんと把握することは重要です。受験本番になって理解不足が露呈したのでは絶対に合格はできません。成績アップにつなげるためには分析改善を繰り返し、己の理解度を常に知っておくことが必要なのです。

④分析改善は人に依存するな

とはいえ、間違った分析改善をしていることも往々にしてあります。正しい分析改善は講師や先生に質問するだけではできません。

テストや模試を受けているときや問題集を解いているとき、似たような問題を前にもやったな、とか、見たことある問題だなと思ったことがある人もいると思います。このような問題に出合ったら、１００％の自信をもって正答できなければなりません。成績はその積み重ねで上がるわけですから当然の話です。

なのにまた同じような問題を間違えてしまったという場合は、せっかく勉強してテストもしたのに、正答できなかった原因を解消できていないことになります。

よく「この問題が分からないので教えてください」と、質問してくる生徒がいます。分からないことを分かるようにするために質問すること自体は前向きで良いことですが、講師や先生の解説を聞いて、なるほどと思うだけで終わってはなんの意味もありません。

その問題はそれで解けるようになったとしても、試験本番にまったく同じ問題が出るわけではないので、自分は何が分からなかったためにこの問題を解けなかったのかをその都度はっきりさせる必要があります。公式の理解があいまいだったからなのかもしれないし、証明の仕方自体がよく分かっていないことが原因ということもあります。いずれにしても、できていない部分の穴を着実に埋めておかないと、形を変えて出題されたときに歯が立たないのです。

間違えた背景や理由を突き止めて、改善しない限り、間違いを繰り返します。1つの問題を解くために必要な知識は1つではないので、それらのうちどれが分かっていて、どれが分かっていなかったのかを分析し、一つひとつ検証する必要があります。

行動を鬼管理することに加えて、この分析改善を行うことで、初めて勉強量に比例する成果が生まれます。勉強しているのに成績が思うように上がらない、ということがなくなるので、勉強しようというモチベーションがアップし、さらに成績が上がるという正のサイクルが回るようになるのです。

⑤人間関係を見直そう

学校の定期試験シーズンにファストフード店やファミリーレストランに行くと、中高生のグループが教科書やノートを広げている姿がよく見られます。テスト勉強を一緒にやろうということなのでしょうが、こうした勉強が本当にテスト対策になるのか。私に言わせればただの時間の無駄です。実際、こうした人たちが一心不乱に勉強していることはほとんどなく、おしゃべりしては笑い合ったりしている時間のほうがずっと多いからです。

これでは結果的に、お互いが真剣にテスト準備をしないよう監視・拘束し合って、勉強せずにテストを迎える仲間を増やしているようなものです。こんな状態を数時間続けていても、一人で黙々と取り組む生徒の10分程度の成果にも満たないのではないかと思います。

受験勉強で、周りと同じことをやっていても、周りの受験生と同じゴールにしか到達できません。そもそも志望大学に合格できる受験生が全体の1割、難関大学に合格できるのも1割という現実があります。そういう状況下で周りと同じことをやっていて、本当に1割になれると思いますか？

仲の良い友達と一緒に自習室に行くことを否定はしませんが、前後におしゃべりや待ち合わせで時間を取られていてはかえってマイナスです。そもそもその勉強は、友達と一緒でないとできないことではないはずです。

別に私は友人関係を絶てとか、友達のLINEを全員ブロックしろと言うつもりはありません。ただすべてが志望校への距離を縮める行動でなければならないという大原則があるなかで、友達と常に行動をともにする必要が本当にあるかを考えてほしいのです。

例えば家に帰ったあとの勉強の成果を報告し合ったり、励まし合ったりするなど、互いに志望校合格を目指して切磋琢磨《せっさたくま》する前向きな関係であればいいですが、逆に足を引っ張り合うような付き合いならばそんな友人関係は見直すべきです。本当に君のことを思ってくれる友達だったら、君の目標を尊重し、応援し、最低でも邪魔にならないようにしてくれるはずです。ましてや、勉強しているはずの時間に安易に連絡をよこしてくるような人だったら、君のことを大切に思っている友達ではありません。

恋愛も同じです。お互いの勉強時間を尊重し、励まし合える関係ならいいのですが、多くの場合、ただ会いたいとか話をしたいという気持ちが勝ってしまい、勉強に集中できないという結果につながりがちです。

人生100年時代といわれるなかで、その後の人生を大きく左右する大学受験期というのはわずか1年前後です。志望大学に合格すれば、友達や異性といくらでも会う時間はありますし、同じように努力してきた仲間たちとの新しい出会いもたくさんあります。今、やりたいと思っていることは本当に今やるべきことなのか、今しかできない受験勉強より優先すべきことなのかどうかをよく考えて判断し、行動すべきです。

⑥他責思考を捨てろ

他責思考というのは、今の状況に陥った責任を他人や環境など、外部の責任にすりかえる考え方のことです。これに対して自責思考は現状の責任を外部に求めず、自分の言動を振り返って自分の責任であることを認め、自省して改善しようとする考え方のことです。

私はこれまでたくさんの受験生を見てきましたが、最短距離で合格をつかむ生徒とそうでない生徒では、明らかな性格の違いがあると感じています。鬼管理の勉強にスムーズに慣れて、成果を挙げていく生徒は、素直でなおかつ自分の責任で行動する自責思考の持ち主が多いのです。

素直な生徒とはすぐに行動ができる生徒です。アドバイスを素直に受け入れ、迷うことなく実行します。それに対して素直でない生徒は、あれこれと理由をつけ、やらずに済む理由をひねり出してそこから逃げ出してしまいます。分析改善を面倒がらずに実行したり、講師のアドバイスを素直に受け入れて行動に移せたりするのも、素直な性格がもつ大きなアドバンテージになります。

鬼管理をやると決めたらとにかく行動するべきです。そんなの無理、これは難しい、そんなことをする意味があるのか、などと否定する気持ちが湧いたとしても、いったん胸に納めて行動してみるのです。行動すれば成果を実感できるので、否定する気持ちも薄れていくものです。

そしてもう1つ成績アップのために重要な考え方が自責思考です。

これは自責思考ができない人、他責思考の人の思考パターンと比較しながら考えると理解しやすくなります。例えば、勉強中にLINEの通知が来てスマホを見たら、そのまま友達と長いやり取りをしてしまって、1時間も勉強を中断してしまったとします。

他責思考をする人は、LINEを送ってきた人のせいで勉強できなかったと考えます。あいつはいつも勉強の邪魔をしてくると怒りをぶつけることさえあります。要するに、あらゆることを他者や環境のせいだと受け止めてしまうので、問題が起こってもそれを自分で改善したり克服したりすることができません。なぜなら「他者」や「環境」は単なる外部要因であり、自分ではどうすることもできないからです。

そのため翌日以降もLINEが届いて同じことが起こります。その人からの連絡がなかったとしても、別の人やアプリからの通知が来て、延々と同じことを繰り返すのです。

しかも他責思考をしていると気分を害されることが多くなります。今からやろうと思っていたところに親から勉強しろと言われてやる気をなくした、勉強しようと思ったら弟が目の前でゲームを始めた、といった日常のささいなことで、イライラして勉強する気を失ってしまいます。

一方、自責思考の人はそうではありません。1時間友達とLINEをしてしまったら、勉強机にスマホを置いていた自分がいけなかった、あるいは今勉強中だから返信できないと伝えて通知を切るべきだったと考えます。自責思考の人は、問題は人のせいではなく自分のせいで起こるものであり、自身で解決可能だと考えるので、スマホを遠ざけるなどの対策を取ることができるのです。

こうした考え方ができる人は、問題を自分で解決して成長することができますし、ささいなことでいちいち気分を害することもありません。親に勉強しろと言われるのは、自分が本来勉強する時間にダラダラしていたせいだと考えることができますし、弟がゲームを始めても自分は勉強すればいいのだと思えるので、少しぐらい嫌なことがあっても気持ちを切り替えられるのです。

素直な性格で、自責思考の持ち主は、多少スタートラインで劣っていてもグングン成績を伸ばします。逆に、何事も疑ったり否定したりする癖があったり、何でも人のせいにしてしまいがちだったりする人は、必要な行動を取れず、成績も上がりません。

素直でない人や他責思考の強い人が今すぐ性格を変えることは難しいですが、まずは自分にこうした傾向があることを知ることが改善へ向けた第一歩です。そうすれば、今の自分は他責思考に陥ってしまっていると気づくことができます。否定したい気持ちはあるけれどまずは受け止めてみようとか、自分で改善できることはないか、と立ち止まってみることで、少しずつ変わっていくことができるはずです。

今まで本気で勉強に取り組んでこなかった人は、自分がそんなに長時間、勉強できるのだろうかと不安に思うかもしれません。しかし人間には新しい環境に適応する能力があります。例えばダイエットを始めた人が最初の3～4日は空腹に苦しんでも、それを過ぎると適量の食事で満足できるようになったとか、おやつが欲しくなくなったというのはよく聞く話です。

自分には無理だと決めつけたりせずに、とにかくやってみることです。そこから自分の新しい可能性が見えてくることもあるはずです。

［第3章］

自身のポテンシャルを引き出す！勉強スケジュールの鬼管理

勉強スケジュールの鬼管理3つのポイント

合格というゴールまでの距離を最短にし、無駄のない受験勉強を進めていくには、正しい学習スケジュールを立てることが不可欠です。過不足のない正しい計画を立て、鬼管理の勉強スケジュールを実行していく際に重要となるポイントは次のとおりです。

①現在地の確認

まずは自分の現在地を確認し、入試本番までに何をすればいいのかを洗い出すことからスタートします。しかし、大学受験を経験したことのない受験生にとって自分の現在地を判断するのは至難の業《わざ》です。受験以外の局面であれば、計画段階での失敗も糧《かて》にして分析改善を重ねていくことは可能ですが、多くの受験生にとってチャンスは1度しかないので、限りある時間を間違った勉強で浪費してしまうと取り返しがつきません。

そこで、私が経営する塾では、学習計画づくりに関しては講師が徹底的にサポートして、最も学習効果が上がる勉強や教材をピックアップしています。

②目的地の設定

現在地を確認したら次は目的地を設定します。

受験する大学によって必要な科目や勉強は大きく異なります。無駄な勉強をせず、必要な勉強に絞り込むために、志望校を私立にするか国公立にするかまでは高2の冬くらいには決めておくとよいでしょう。

第一志望をどの大学にするかもこの段階で決めておきます。現状の自分の成績とかけ離れていてもかまわないので、チャレンジングなゴールを定めることです。目標が高いほど必要な勉強量や求められる成績のハードルは高くなりますが、そこに挑んでこそ実力が培われます。

例えば早稲田大学に行ければ最高だけどもう少しランクの下がる大学でもいいかな、と思うのであれば、最初から妥協したほうの目標を選ぶ必要はありません。堂々と早稲田大学を目標に掲げ、ワンランク上の勉強に取り組むべきです。受験科目の少ない私立大学で、得意科目で勝負できるのならスタート時の偏差値だけで諦める必要はありません。早稲田大学を目指した勉強ができていれば、少し下のレベルの大学が通過点になり、簡単に感じられるようになるはずです。

一般的な傾向としても、早慶を目指して勉強してきた受験生がMARCHに進学する例は多いですし、MARCHを目指した受験生が日東駒専に進むケースは多く見られます。おそらくこうした人たちのなかには、早慶を目指したからこそMARCHに手が届いた、あるいはMARCHを目標にしたからこそ日東駒専に合格できたという人が相当高い割合でいるはずです。

私が経営する塾でも、30台の偏差値でスタートして有名大学の切符をつかんだ塾生はたくさんいます。興味や憧れのある大学のオープンキャンパスに行ってみたり、資料を取り寄せたりするなどして、夢を膨らませるのもよい方法です。なんとしてでもこの大学に行きたいという強い思いが、鬼管理の勉強を支える力になります。実際に受験する大学や併願大学を決めるのは、高3の秋ぐらいでOKです。

ただし、国公立大学を志望する場合は慎重になる必要があります。試験科目の少ない私立であれば1年間の受験勉強でも高い目標に到達できる可能性は十分ありますが、5教科

7科目、場合によってはもっと多くの試験科目を課せられる国公立大学では、現実として間に合わないことが多いからです。

目安としては、高2の終わり頃、あるいは高3スタートの段階で、英数国の主要3教科の偏差値が最低でも50台後半、できれば60近辺にあるのが理想です。そのレベルに届かないのであれば勉強が間に合わない恐れがあるので、現役合格を目指すならターゲットは私立大学に変更するほうが安全です。

高1生や高2の秋までに受験勉強をスタートする場合は、その時点では私立か国公立かが明確になっていなくてもかまいません。まずは英語、国語、数学の主要3教科に絞った勉強を開始します。大学受験はこの主要3教科で決まるといっても過言ではないので、高1、高2の時期から基礎を固めておけば、ほかの科目は高3になってからでも十分間に合うからです。

ちなみに、早い時期から私立文系に狙いを定めている人は、数学の勉強は不要なので省いてしまってかまいません。受験勉強としては英語と国語に取り組み、ほかの科目は定期テスト対策に重点をおいて、推薦などの道筋を確保しておけば十分です。

③体力・能力の確認

目的地に向かって、いざ走り出すその前にもう1つ大切なことがあります。それは今の自分の体力・能力を正確に把握しておくことです。山に登ることができる体力が今の自分にあるのか、なければ何をプラスすればいいのか、正しい現状を知ることでここから強化すべき点が分かってくるはずです。「敵を知り、己を知れば百戦危うからず」ということです。

勉強する教科が絞れたら、志望校のレベルに到達するために必要な勉強を精査し、教材を用意します。大学入試では高校3年間の勉強が問われるので、高1の範囲から始めればいいと考える人も多いのですが、実際はそれよりも前段階からスタートすべき人がほとんどです。

実は高校受験を突破した高校生であっても、中学で学習した内容の理解が怪しい生徒は山ほどいます。中学の内容はすべての基礎になるので、これがあやふやなままだと遅かれ早かれどこかでつまずく可能性が高くなります。一見遠回りに見えても、中学の内容の確認から始めるのが結局は最短距離になります。

中学の内容を完璧にマスターしている人であれば、高校の範囲からスタートしても問題ありませんが、私の経験上、できていると申告する人も実際にはできていないことがほとんどです。得意科目はＯＫだけれど苦手科目は怪しいというパターンや、苦手科目のうち特定の領域になると理解が怪しいパターン、なかにはほとんど全教科が怪しい人までいます。

目安としては、偏差値が65以上の高校に合格している人なら中学レベルの勉強にほぼ不安はないと判断してもいいと思います。それ以下の高校であれば基礎に抜けがあっても合格できてしまうので、ひととおり復習して理解を確認し、基礎を固める必要があります。

偏差値65以上というのは厳しい数字に感じるかもしれませんが、高校受験の偏差値と大学受験の偏差値はその数字の意味がまったく異なります。高校の偏差値が60ぐらいで安心しているようではとても大学受験は乗り越えられません。

私の経営する塾では、基礎学力が十分にあると判断できた一部の塾生以外は、原則として中学レベルから始めてもらっています。難関大を目指しているのに、なぜこんな簡単な参考書をやるのか？　と不満を言う人もいますが、基礎さえできていればあっという間に終えてしまうのでさほど時間はかかりません。逆に早く終われないのはできていない証拠なので、なおさら力を入れて取り組む必要があります。

鬼管理スケジュールの作り方

鬼管理の受験勉強は市販の参考書を使った自学自習です。授業学習に頼っていては必要な学力を手に入れることはできません。教科書頼りの通り一遍の講義、レベルがバラバラな生徒たちに対しても同じ内容の説明、教師による指導力のバラつき、これでは受験生個々の学習指導などとても不可能です。

ならば自分自身でやるしかありません。

難関大学に合格できる力をつけるためには必要な参考書を自分で選んで用意します。まずは基礎的な内容を確認し全体を俯瞰できるやさしい参考書からスタートし、必要な知識を網羅する標準レベルの教材、入試問題に対応できるようになるための発展レベルの教材へと進んでいきます。

勉強スケジュールのイメージ

4月〜	初歩的な講義系参考書で全体を俯瞰《ふかん》する ↓ 初歩的な演習系参考書で基礎知識を確認する
5月〜	標準的なレベルの講義系参考書で受験に必要な知識をインプットする ↓ 標準的なレベルの演習系参考書で理解を確認する
8月〜	発展的なレベルの講義系参考書で難関大入試に求められるハイレベルの知識をインプットする ↓ 発展的なレベルの演習系参考書で難関大入試レベルの問題を解く力をつける
1月〜	過去問を３〜５年分繰り返す

自学自習が基本である以上、自分の学習スケジュールはもちろん自分自身で作成します。そのために必要なノウハウとしてスケジュールの作り方や参考書については提供しますが、それを実行するかどうかは君の意志一つにかかっています。

スケジュールは科目ごとに作成します。まずは初歩レベルの参考書で理解を確認し、基礎、標準、発展へとレベルを上げていきます。科目にもよりますが、基礎以上ではそれぞれのレベルで知識を網羅し確認するための講義系と、問題を解く力をつけるための演習系の参考書を用意して、インプットとアウトプットを繰り返すことを基本とします。そして最後に、難関大学に対応するレベルの問題と志望大学の過去問演習を受験本番まで反復します。

まずは初歩から難関大学レベルまでの必要な参考書を用意し、これらを受験本番までに終わらせるための長期スケジュールを組んでいきます。スタートから受験本番まで何週間あるかをカウントし、参考書のページ数やチャプター、単語集であれば覚える単語数を1週間ごとに割り振って、期間内に全部を終わらせるように配置します。

過去問に関しては、成績が志望大学の合格圏内に入ってない段階で始めても、あまり意味がありません。その大学の偏差値と自分の偏差値の差が5まで縮まってから、スタートするのがよいです。スケジュールの作成段階では仮として、本番の2～3カ月前からスタートするような計画にしておいてもOKです。現実にスタートできる成績に達しないようなら後ろにずらし、過去問ができるレベルを目指した勉強と分析改善を繰り返します。

週ごとのスケジュールができたら、それを毎日の計画に落とし込みます。1週間に7日あるうち、5日間でその週の勉強を終えるよう割り振っていきます。最後の2日間は、先の5日間の復習に充て、同じことをもう一度反復します。

5日間でやったことを2日間で終える必要がありますが、理解ができていれば倍以上のスピードで終えられるので問題なくできるはずです。終えられないようなら先の5日間の勉強に問題があるので、勉強方法が間違っていないか、勉強時間が不足していないかなど原因を突き止めて、対策を実行する必要があります。

科目別　計画作成のポイントと学習法

具体的な学習計画は科目ごとに作成していくので、ここからは科目別に勉強法のポイントを紹介していきます。すべて基礎レベルからのスタートを前提としており、中学の勉強に不安がある人やまだ高校で習っていない範囲を先取りして勉強しようとする人にも対応できるようになっています。基礎的な範囲を省いてよい人の目安も、科目別に紹介します。教科ごとにそろえるべき参考書のチェックリスト（２０２３年7月現在）も用意しているので参考にしてください。

1英語

英語は志望先にかかわらず、ほぼすべての人が受験しなければならないうえ、多くの大学で厚く配点されていることが多い最重要科目です。長文の読解に苦手意識をもつ人が多いのですが、いきなり長文の練習をしようとしても効果は上がりません。

英語の学習で必要な要素は、単語、熟語、文法、長文（読解）です。長文は単語と熟語、そして文法と構文で構成されているので、英語が読めないとか成績が伸びないと嘆く受験生の多くは、覚えるべき英単語と文法を覚えていないケースがほとんどです。

日本語の単語を知らなければ日本語の文章を読んでも理解できないように、英単語・熟語の基礎を固めなければ長文には歯が立ちません。まずは英単語・熟語を覚えて語彙《ごい》力を高め、英文法・構文をマスターしてから長文の学習に移るのが効率的です。

攻略法① 単語と熟語を覚える

英単語の記憶にはいろいろな方法がありますが、ここでは①イメージ、②変換、③確認という3つの思考ステップを利用した記憶法を紹介します。

英語は象形文字のように絵から成り立っているわけではありません。例えばAppleという単語がりんごを意味する理由は特にないので、そのままだと覚えにくいものです。この場合、機械的に暗記しようとするよりつながりや背景があるとずっと覚えやすくなります。最初は面倒に感じるかもしれませんが、語呂合わせやダジャレなどを駆使して一つひとつイメージを膨らませるのが、早く覚えられる近道になります。例えば、3つの思考ステップを使ってgrow（育つ）という単語を頭に焼き付ける方法を実行してみます。

1．イメージする

アルファベットが並んでいるだけの状態では覚えにくいので、頭のなかでイメージ化します。grow(育つ)であれば、最初は小さい芽だった植物が、だんだんグロテスクな形になっていく様子を想像してみるのもいいでしょう。

2．イメージを覚えやすく変換する

グロテスクな形に成長していく様子を思い浮かべながら「グロく育つ」と語呂合わせにしてみます。自分がイメージしやすければなんでもいいので、語呂合わせは突拍子もない内容でも変な内容でもかまいません。思いつかないようなら、その単語に語呂合わせ、覚え方といったキーワードをプラスして検索すれば面白い覚え方が出てくるので、インターネットをうまく活用しましょう。

3．確認する

覚えたら単語帳の日本語の部分を赤シートで隠して、意味が分かるかを確認します。目標は、英単語を日本語に変換する速度を0・1秒にすることです。要は英単語を見た瞬間に意味がイメージできるようになるまで、繰り返します。

語呂合わせでなくとも、自分の覚えやすい方法があればそれでかまいません。ただ、英単語を何度も書いて地道に覚える、という方法はやめましょう。難関大学受験に必要な英単語は6000個もあるので、全部を書いて覚えていては時間がかかり過ぎるうえ、覚えられなくてもそれだけで勉強した気になって成果につながらないこともあるからです。

何度も書くのであれば、その分自分で発音するほうが早いし簡単です。声に出したり、リズムをつけてみたり、歌にするなど自分の声と耳も活用しながら、なるべく効率的に覚えることが重要です。

攻略法② 文法・構文を理解する

英文法は以下の5つのプロセスで学習します。

1. 見開きのページを熟読する
2. テーマごとに「結論」「概要」を文章にする

例えば、「名詞」の項目を読み込んだら「名詞とはモノやコトを表す言葉のこと。例えば、車・花・英語など。動詞は変化をするが名詞は変化をしない。名詞を説明できる品詞は『形容詞』」などのように名詞の概要を文章化します。

3. 結論・概要を自分の口で「解説」できるようにする

次のような具体例を挙げることができればさらに理解が深まります。

(例) 名詞：車・花・英語・人間　等
(例) 形容詞：美しい・格好いい・素晴らしい

4. 1~3を実行
5. 前のページに戻る

文法・構文を理解する

① 見開きのページを熟読する	英文法参考書の見開きページを開き中身を熟読 最初は「黙読」から徐々に「音読」へ ※必ず「理解をして」読むこと
↓	
② テーマごとに「結論」「概要」を文章にする	テーマごとに結論と概要を文章に落とし込み、紙や参考書にメモをする
↓	
③ 結論・概要を自分の口で「解説」できるようにする	答えは見ずに自分の言葉で解説できるかどうかを確認 ※絶対に丸暗記は NG!! もし解説ができなければもう一度インプット
↓	
④ 各見開きページで①〜③を実行	見開きページで完璧な説明ができていれば次の見開きページに進み①〜③を実践
↓	
⑤ 前のページに戻る	復習回数を意図的に増やし長期記憶にするため前のページに戻る
↓	
①に戻る	

攻略法③　長文に挑む

英語読解は、以下の7つのプロセスで学習します。

1. 問題を制限時間内に解いて、それぞれの解答の根拠もメモしておく

まず、制限時間内に解けない場合は、そもそも長文を解く以前に単語と文法をマスターできていない可能性があるので、単語と文法を再度確認する必要があります。根拠をメモするのは、適当に解答してたまたま正解するという間違った成功体験を積まないためです。確実に自信をもって正答できる力をつけてこそ成績は向上します。

2. 解答をチェックし、○×だけを付ける

解答の最初のチェックでは、正答できなかった問題の原因を分析改善するため、正しい選択肢までは見ないようにします。ここで見てしまうと、ああそうか、と納得するだけで頭に残らなくなります。そしてもう一度考え直す過程で、なぜ初回で間違えたのかの理由を考えます。カギとなる単語の意味を知らなかった、重要な構文を理解できていなかった

など、足りないところを探しだし、埋めなければなりません。

3．○×を基に再度、解答する。その根拠もメモしておく

再解答ができたら解答解説を確認し、根拠まで正答できているかを確認します。このとき、その根拠まできちんと説明できるようになっていることはいうまでもありません。

4．再解答をチェックし、その根拠が合っているかも確認する

5．正しい根拠で正答できなかった問題の原因を分析改善する

間違っている場合は再度その原因を探り、対策をすることを繰り返します。

6．問題文を精読

そのあとで、問題文をじっくり精読します。理解できるまで一文一文を丁寧に読み込むことが重要です。問題文の意味を取り違えたり早合点したりして間違った解答を出してし

まうことが往々にしてあるからです。

7．問題文を音読

そして最後に、声に出して読みます。

音読は、英語を英語として認識するためのトレーニングです。英語に触れたときに一度頭の中で日本語に訳していると、その分の時間をロスすることになるので、英語を英語のままで理解してどんどん読み進めるのが理想です。長文の演習と音読の訓練を重ねていると、英語を見ただけでその意味がダイレクトに理解できるようになります。そうすれば読解のスピードは格段に上がり、試験で時間が足りないということもなくなるのです。

問題を解くよりもその後のプロセスのほうがずっと時間がかかりますが、それが正解です。長文は練習の段階で深い理解ができていなければ、本番で高得点を取ることはできません。この7つのプロセスで演習を繰り返すことが、本番での正しいアウトプットにつながります。

ちなみに、7つのプロセスのうち、1から5までは英文法の問題演習でも応用できます。

英語　テキスト購入チェックシート

	テキスト名	チェック
語彙	システム英単語 Basic〈5訂版〉 （霜 康司〔著〕・刀祢雅彦〔著〕／駿台文庫）	□
文法 講義系	大岩のいちばんはじめの英文法 超基礎文法編（大岩秀樹〔著〕／ナガセ）	□
文法 問題集	高校基礎 英文法パターンドリル （杉山一志〔著〕／文英堂）	□
語彙	システム英単語〈5訂版〉 （霜 康司〔著〕・刀祢雅彦〔著〕／駿台文庫）	□
語彙	システム英熟語〈5訂版〉 （霜 康司〔著〕・刀祢雅彦〔著〕／駿台文庫）	□
文法 問題集	英文法レベル別問題集３標準編〈改訂版〉 ４中級編〈改訂版〉（安河内哲也〔著〕／ナガセ）	□
文法 講義系	肘井学の読解のための英文法が面白いほど わかる本 必修編（肘井 学〔著〕／KADOKAWA）	□
長文 演習問題	関正生の英語長文ポラリス １標準レベル（関 正生〔著〕／KADOKAWA）	□
構文 問題集	基礎 英文解釈の技術100 （桑原信淑〔著〕・杉野 隆〔著〕／ピアソン桐原）	□
※共通テスト 受験者のみ	共通テスト 英語 リーディング 集中講義（三浦淳一〔著〕／旺文社）	□
長文 演習問題	関正生の英語長文ポラリス ２応用レベル（関 正生〔著〕／KADOKAWA）	□
文法 問題集	英文法ファイナル問題集 標準編（瓜生 豊〔著，編 集〕・篠田重晃〔著，編集〕／ピアソン桐原）	□
語彙	改訂版 鉄緑会東大英単語熟語 鉄壁 （鉄緑会英語科〔編集〕／KADOKAWA）	□
文法 問題集	英文法レベル別問題集 ５上級編 改訂版（安河内哲也〔著〕／ナガセ）	□
文法 講義系	肘井学の読解のための英文法が面白いほどわかる 本 難関大編（肘井 学〔著〕／KADOKAWA）	□
長文 演習問題	関正生の英語長文ポラリス ３発展レベル（関 正生〔著〕／KADOKAWA）	□
文法 問題集	英文法レベル別問題集 ６難関編 改訂版（安河内哲也〔著〕／ナガセ）	□
構文 問題集	ポレポレ英文読解プロセス50 （西きょうじ〔著〕／代々木ライブラリー）	□
長文 演習問題	関正生のThe Rules 英語長文問題集 ４入試最難関（関 正生〔著〕／旺文社）	□

2 数学

数学は理系志望の受験生にとっては、英語と並んで重要な科目です。文系でも国公立を目指す場合は避けては通れない教科であり、得意科目にすることができればライバルに大きく差をつけることが可能です。

数学を学習する際のステップとしては、①基礎的な内容を改めて確認する、②標準的な内容を確認する、③入試問題に直結する良問を反復する、④実践演習と過去問を反復する、という4つの段階があります。

①と②のステップでは数Ⅰ・Aと数Ⅱ・B、そして理系は数Ⅲまで、それぞれで講義系と演習系の参考書を用意します。確率が出題される大学を志望する人は、確率の分も用意します。③と④は演習系のみでOKです。

中学数学の理解に不安がある人、分野によって苦手意識がある人は、特に初学者向けにやさしく解説している参考書からスタートして、①を徹底します。初歩レベルに時間を割くことに焦りを感じるかもしれませんが、基礎固めができていないと必ずどこかでつまずいて、成績が低迷することになります。遠回りに見えても、結局は基礎から始めるのが最短距離になります。

高校の定期テストで8割程度の点が取れている人や模試で偏差値50以上取れている人であれば、①は飛ばして②から始めてもかまいません。偏差値が60以上であれば②もスキップしてかまいませんが、積分の範囲は計算練習を積み重ねることがとても重要なので、得意な人でも必ず②から始めます。

いずれのステップから始める人も、1つのステップを終えたら再度同じ内容を最初から復習し、完全にマスターできているか確認します。例えば、①の講義系と演習系参考書をひととおり終えたら、②に移る前にその2冊を最初からもう一度やり直すのです。

数学は問題を見た瞬間に、何を問われている問題であるかを認識し、これはこうやって解く問題だな、と解法がパッと思い浮かぶぐらいになるまで反復練習することが重要です。最速で解答できるまで練習を重ね、出題されやすい問題のパターンを覚えてしまうようにします。

問題を見た瞬間に解き方がひらめく数学攻略法

数学の得点力を向上させるには、体験↓整理↓再体験↓探求という４つの工程を繰り返し、問題のパターンを体に染み込ませることが重要です。この４つのプロセスを、私が経営する塾では「究極の整理術」と呼んでいます。数学に限らず、物理や化学など理系科目全般に役立つ学習法なので、マスターするまで繰り返します。

まずはいつもどおりに問題を解いてみます。どうやって解いたのか分かるように、途中の式は省くことなくすべて書き記します。途中で分からなくなって最後まで解けなかった場合でも、必ずそこまでのプロセスは書き残しておくのがポイントです。これが最初の「体験」で、そのときの自分の実力がそのまま反映されます。

次は「整理」です。解答解説を確認し、最短距離で答案を完成させるまでの手順を確認します。自分の解答が間違っていた場合や最短距離でなかった場合は、どこで間違ったのか、何の理解が足りなかったのか、どう遠回りしてしまったか、問題を分析し整理します。

次は「再体験」です。整理したプロセスを思い出しながらもう一度解いてみます。最初の体験で正解できた場合でも復習を兼ねてもう一度取り組みます。途中で手が止まってしまった問題なら最低2回、まったく歯が立たなかった問題であれば3回、解答解説を見ずに正答できるまで最短距離の手順で解き直します。

最後は「探求」です。その問題を別のルートで解く方法はないか、条件がどのように変わる可能性があるか、条件が変わったら具体的にどうやって解けばよいか、とその問題に関連するアイデアを膨らませてみるのです。

この探求のプロセスは数年前までは必ずしも必要ではありませんでしたが、近年の出題傾向からその重要性が増しています。以前であれば数学、化学、物理の理系科目はオーソドックスな知識に対応した正解パターンを分かっていれば得点できましたが、近年は根本的な理解と多面的な知識が問われるようになっているからです。

最短距離の解き方を覚えているだけでは、問われ方が少し変わっただけで対応できなくなることも多いので、1つの問題に対して多面的な見方をして理解を深める訓練が必要になっています。面倒に感じるかもしれませんが、このプロセスができているかどうかで得

「数学」の勉強の進め方

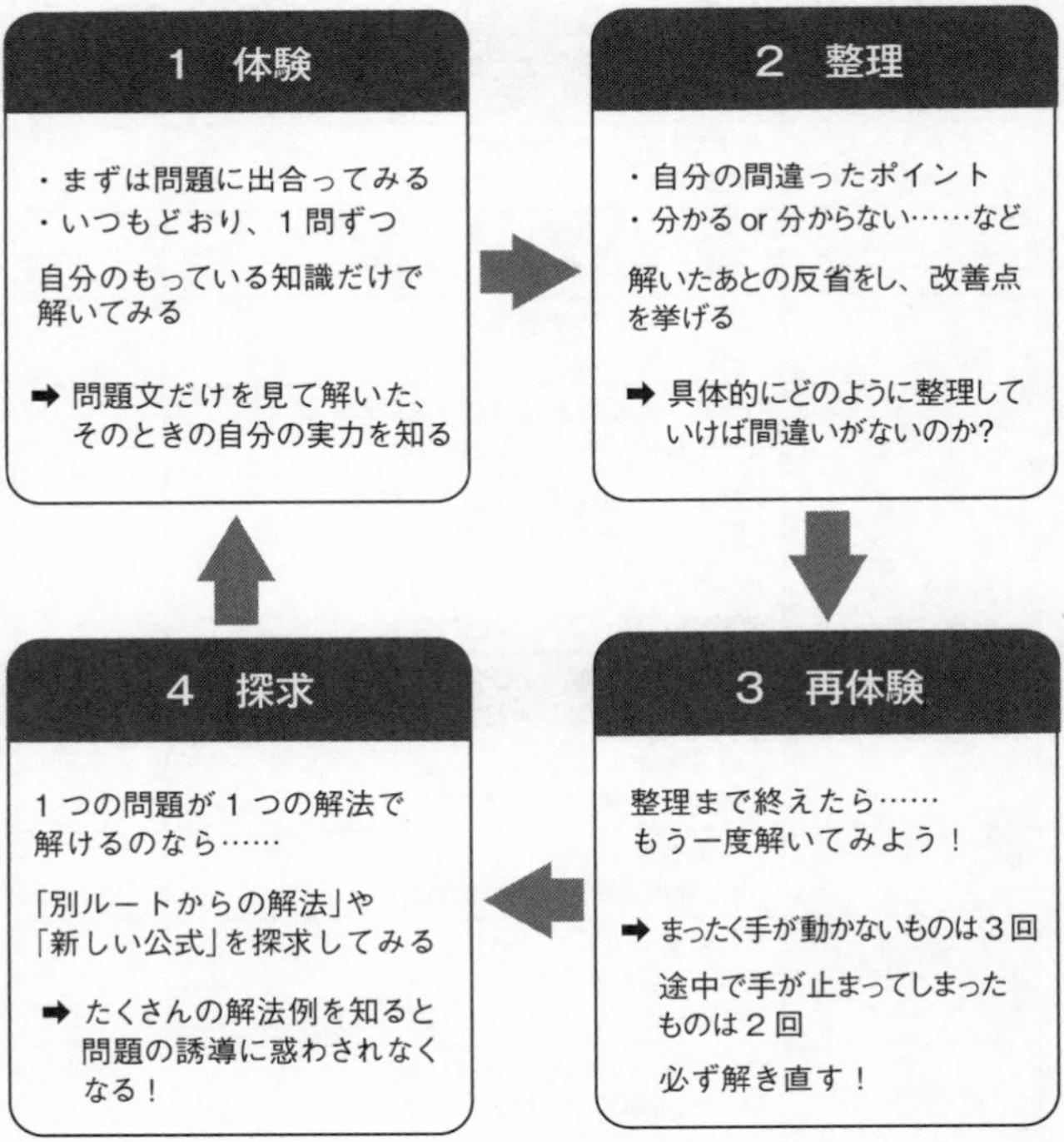
1　体験
・まずは問題に出合ってみる
・いつもどおり、1問ずつ
自分のもっている知識だけで解いてみる
➡ 問題文だけを見て解いた、そのときの自分の実力を知る
2　整理
・自分の間違ったポイント
・分かる or 分からない……など
解いたあとの反省をし、改善点を挙げる
➡ 具体的にどのように整理していけば間違いがないのか?
3　再体験
整理まで終えたら……
もう一度解いてみよう！
➡ まったく手が動かないものは3回
途中で手が止まってしまったものは2回
必ず解き直す！
4　探求
1つの問題が1つの解法で解けるのなら……
「別ルートからの解法」や「新しい公式」を探求してみる
➡ たくさんの解法例を知ると問題の誘導に惑わされなくなる！

この4つの工程を
“何度も”繰り返し参考書の全範囲を終えることが重要！

文系数学　テキスト購入チェックシート

	テキスト名	チェック
	やさしい高校数学Ⅰ・A （きさらぎひろし〔著〕／学研プラス）	□
	数学Ⅰ・A 入門問題精講 （池田洋介〔著〕／旺文社）	□
	やさしい高校数学Ⅱ・B （きさらぎひろし〔著〕／学研プラス）	□
	数学Ⅱ・B 入門問題精講 （池田洋介〔著〕／旺文社）	□
	数学Ⅰ・A 基礎問題精講〈五訂版〉 （上園信武〔著〕／旺文社）	□
	数学Ⅱ・B 基礎問題精講〈五訂版〉 （上園信武〔著〕／旺文社）	□
※共通テスト 受験者のみ	共通テスト 数学Ⅰ・A 集中講義 （松野陽一郎〔著〕／旺文社）	□
※共通テスト 受験者のみ	共通テスト 数学Ⅱ・B 集中講義 （松野陽一郎〔著〕／旺文社）	□
	合格る確率＋場合の数 （広瀬和之〔著〕／文英堂）	□
	文系の数学 実践力向上編 （堀尾豊孝〔著〕／河合出版）	□
	文系数学の良問プラチカ 数学Ⅰ・A・Ⅱ・B （鳥山昌純〔著〕／河合出版）	□
	文系数学 入試の核心〈改訂版〉 （Z 会出版編集部〔編集〕／Z 会）	□
	1 対 1 対応の演習 数学 A〈三訂版〉 （東京出版編集部〔編集〕／東京出版）	□
	1 対 1 対応の演習 数学 B〈三訂版〉 （東京出版編集部〔編集〕／東京出版）	□

理系数学　テキスト購入チェックシート

テキスト名	チェック
やさしい高校数学Ⅰ・A （きさらぎひろし〔著〕／学研プラス）	□
数学Ⅰ・A入門問題精講 （池田洋介〔著〕／旺文社）	□
やさしい高校数学Ⅱ・B （きさらぎひろし〔著〕／学研プラス）	□
数学Ⅱ・B入門問題精講 （池田洋介〔著〕／旺文社）	□
数学Ⅰ・A基礎問題精講〈五訂版〉 （上園信武〔著〕／旺文社）	□
数学Ⅱ・B基礎問題精講〈五訂版〉 （上園信武〔著〕／旺文社）	□
やさしい高校数学Ⅲ （きさらぎひろし〔著〕／学研プラス）	□
数学Ⅲ入門問題精講 （池田洋介〔著〕／旺文社）	□
数学Ⅲ基礎問題精講〈四訂新装版〉 （上園信武〔著〕／旺文社）	□
合格る確率＋場合の数 （広瀬和之〔著〕／文英堂）	□
合格る計算 数学Ⅲ （広瀬和之〔著〕／文英堂）	□
理系数学の良問プラチカ　数学Ⅰ・A・Ⅱ・B （鳥山昌純〔著〕／河合出版）	□
1対1対応の演習　数学Ⅲ 微積分編〈新訂版〉 （東京出版編集部〔編さん〕／東京出版）	□
1対1対応の演習　数学Ⅲ 曲線・複素数編〈新訂版〉 （東京出版編集部〔編さん〕／東京出版）	□
1対1対応の演習　数学A〈三訂版〉 （東京出版編集部〔編集〕／東京出版）	□
1対1対応の演習　数学B〈三訂版〉 （東京出版編集部〔編集〕／東京出版）	□

点する力が大きく変わってくるので、ぜひトライするべきです。

この4つのプロセスは、初歩段階はもちろん、レベルが上がっても、過去問であっても、すべて同じサイクルを回します。最初は時間がかかりますが、慣れるにしたがってスピードアップさせられるので焦る必要はありません。

3 国語（現代文）

国語の場合、文系はもちろん、国公立志望の理系の受験生にとっても重要な科目になりますが、何をどう勉強すればいいか分からない、と感じる人も多い教科です。正直多くの学校では「現代文の問題を解きさえすれば成績が上がる」などと間違ったやり方を平気で指導しているところがあります。特に現代文が苦手という人の原因を分析すると、実はその多くが重要な単語を理解していなかったり、漢字を理解できていなかったりすることが多く見られます。

現代文は一つひとつの文章の集合体です。それぞれの文章は単語、漢字、助詞で構成されているので、この3つの要素をクリアにする学習に取り組むことで文章の意味が分かるようになり、文章の塊である長文も理解できるようになります。

現代文の学習では、ほかの教科のように講義系と演習系に分けて用意する必要はないので、それぞれで1冊ずつ用意します。入試の現代文には高校生が日常的に使わない単語が多く出てくるため、まずは語彙を鍛えるキーワード系参考書を用意して、基礎固めをスタートします。

読解演習を繰り返すだけでは現代文の成績は上がらない

現代文は英語と違って普段話している言語なのだからだいたいの単語は分かっている、と思い込んでいる人も多いのですが、そんな人ほど現代文のキーワードを理解しておらず国語の成績が伸び悩んでいます。大学入試問題では、高校生が日常会話で使わないような単語が頻出するので、英語と同じように単語をマスターすることが攻略のカギになります。

1．まずは熟読してみよう

キーワード系の参考書は、見開きやページごとに熟読することからスタートします。目で追うだけでなく、しっかり頭に入れることを意識します。

2．自分の言葉で書き出してみよう

それができたら次に、単語ごとに自分なりの言葉で理解した内容をノートに書き出していきます。丸写しや丸暗記はＮＧです。例えば「頻繁」という単語について、しょっちゅうあることだな、と理解したならそう書きます。これは自分の言葉で説明できるかどうかを確認するためです。すでに知っている単語は省略してかまいません。

3．確認を繰り返してみよう

これができたら次の見開きに進んで同じ作業をします。それを終えたら前の見開きに戻って再度確認する、を繰り返して単語との接触回数を増やすことが重要です。

現代文の読解ではたまたま正解できることも多いですが、それで満足していては成績が安定しないので、確実に得点できる力を身につける必要があります。塾や予備校のなかには、とにかくたくさんの問題にあたることが重要だとするところも多いようですが、それだけでは足りません。自身の解答の根拠を確認しながら、自分に足りないところを見つけ、改善しながら問題を解く練習を重ねることで読解力はアップします。英語読解の勉強法で示した同じプロセスで、常に根拠を意識しながら解く練習をします。

キーワード系と漢字の参考書が中盤以上まで進んだ段階で、現代文の読み方と解き方を練習する基礎的な参考書を並行して行います。このレベルの参考書は、現代文の読解に重要な助詞の使い方について詳しく解説しているものを選びます。それを終えたら、標準レベルの教材に着手します。その後、発展レベル、そして難関大に対応するレベルの参考書の順に取り組みます。

長文問題の勉強法

続いては長文です。長文は一つひとつの文章がつながってできています。さらにその文章は現代文単語と漢字によって構成されています。ですから単語と漢字が理解できていなければ長文の理解はできません。それでは現代文における長文の勉強法について解説していきます。

1. 制限時間以内に解く→解答の根拠を示す

まず初めに問題に記載されている「制限時間」で問題を解きます。シンプルに問題を熟読して、解答をしていきます。テクニックは使わずに問題文を読み込み、答えを選択します。その際に「解答の根拠」を示します。なぜこの選択肢を選んだのか？　その理由を記載します。根拠が記載できない問題は理解できていないものとし、もう一度本文を読んで根拠が出るまで解きます。

2. 解答の○×だけを付ける→答えは記載しない

1で解答が完了したら答え合わせをします。ただし答えを書き込むと「理解した気」になるため、答えは書き込みません。必要なのは「できない問題をいかにできるようにするか」です。できない問題は×のままにして答えは書き込まず、再解答をするための準備をします。

3．○×を元に再解答する→根拠を示す

次は○×を付けて×だった問題を再解答します。×の問題には×の理由があります。○になるように本文を読み込み、再解答をします。もちろん再解答の際にも根拠を示します。その際に「何が足りなかったのか」を分析しましょう。本文読解なのか、現代文単語などの知識なのか……。原因が分かればあとは埋めるだけです。

4．解答解説を見る→根拠が合っているか確認

再解答をした問題が正解かどうかを確認します。解説を見て「根拠」が合っているかど

うかも確認します。根拠が合っていれば「時間をかければ」成績が上がるわけなので読解力の訓練をすれば○Kです。

それでも間違っている場合は論理展開や知識に抜けがあることが分かります。

○の解答もまぐれでないかを確認するために根拠を確認します。

5．根拠を示せなかった問題の分析改善

たとえ正解でも根拠が分からなければ理解しているとはいえません。根拠が分からなかったり、間違っていたりした問題はその理由を考えます。

・本文を読みこなし、論理展開を理解していけば解答することができるのか？

・語彙力が問題なのか？

・それともどちらも？

足りない「行為」を認識してあとは実践をするだけです。

6．5で自分に不足しているものが分からない人は問題文の精読読解力が足りない・論理展開が分からないという人は何が何でも「精読」をすることがポイントです。精読とは一文一文を丁寧に読むことです。前後の文章にはそれぞれ「役割」が存在しています。具体化、抽象化、言い換え……等々。一文一文が「どのような意味で」「どのような役割」をしているのかを紙に書いて言語化することがおすすめです。

漢字に関しては、覚えなければならないものが2000字ほどあります。しかし入試で漢字の書き取りを求められるのはせいぜい2～3問、多くても5問程度なので、2000字すべてを正しく書けるよう時間をかけて練習するのはタイムパフォーマンスが良いとはいえません。そのため書き取りの練習は思い切って省略し、入試漢字の参考書を用意して言葉や文章を作れるレベルの理解を目指します。

4 国語（古文）

古文は苦手意識をもつ受験生が多いのですが、コツをつかめばそれほど難しくはなく、むしろ得点源にしやすい科目です。古文も現代文と同様にすべての文章が単語・文法・構文で構成されており、これらを順にマスターすることで質の高い解答ができるようになります。要は英語の簡単バージョンのようなもので、英語に比べれば覚えるべき単語数もずっと少ないので攻略は決して難しくありません。

まずは古文単語と慣用句の参考書でスタートし、偏差値55に満たない人は初歩レベルの入門書も並行して進めます。それを終えたら古文文法の講義系と演習系の参考書を用意して、インプットとアウトプットを繰り返します。

古文単語の覚え方

それではここから古文単語の勉強法について解説していきます。古文単語の勉強方法は以下のとおりです。

古文単語の覚え方

① 分かるものと分からないものに分ける

・分からない単語にだけペンでチェック
・絶対に忘れないレベルの単語はマーカーで消して OK

↓

② 分からない単語を覚える工夫をする

・背景理解、語呂合わせ、ダジャレ etc.
(語呂合わせは「○○＋語呂合わせ」でネット検索可能)

↓

③ 赤シートで隠して繰り返し覚える

・赤シートで現代語を隠し、分からない単語だけを繰り返す
・全単語を現代語に変換する速度を 0.1 秒になるまで仕上げる

↓

④ ①〜③を実行

・見開きページの全単語に 0.1 秒で正答できたら次ページへ
・次ページでも①〜③を繰り返す

↓

⑤ 前ページに戻る

・復習回数を増やすために前ページに戻る

↓

⑥ 0.1 秒で反応ができ単語を単語のまま理解できたら終了

・該当範囲のすべての単語を 0.1 秒で認識できたら終了とする
・0.1 秒になるまで延々と何度も繰り返す

長文問題の勉強法

続いては読解に入ります。標準レベルの講義系と演習系の参考書を用意してインプットとアウトプットを繰り返し、それがマスターできたら発展レベルの演習教材をやり込みます。それでは古文における長文問題の勉強法について解説していきます。

1．問題を制限時間内に解く→解答の根拠を記す

問題集に記載されている制限時間内で問題を解きます。（制限時間の倍以上時間がかかる場合は難易度が合っていない可能性があります。）

このとき、解答の根拠も一緒に示します。そうしないと適当に解答する癖がつきます。入試問題には必ず「理由」が存在します。「非論理」を持ち出すと成績は上がりません。

2．解答の○×だけを付ける

次に答えは完全には見ずに答え合わせをします。間違っている問題は正しい選択肢を記

さないようにします。なぜ解答が間違いなのかを考えずに先に行ってしまうからです。

3．〇×を元に再解答→根拠も記す

間違っていた問題をもう一度考えなおし再解答をします。もちろん本文を読み直しても

OKですが必ず根拠をもって解答を選ぶことが重要です。

そしてなぜ間違えたのかを分析します。

→本文読解が難しかったから？　その理由は？

→単語？　文法？　構文？　何が足りなかったのか？

不足しているところを補わないと成績は上がりません。言語化して解決策まで落とし込む必要があります。

4．解答解説を見る→根拠があっているか確認

再解答した問題の解答解説を確認します。根拠が解答解説と適切か確認することで自分の「思考回路」を正しいものにします。

間違っている場合は「原因」を探り次に同じことが起きないようにするための対策・改

善策を練ります。

5．根拠が示せなかった問題の分析改善

ここでさらに根拠が示せなかった原因について考えます。

6．問題文の精読

単語・文法・構文構造まで一文一文を丁寧に読みます。練習段階で読むことができなければ本番で8～9割の点数を取ることはできません。

漢文についても基本的な考え方は同じですが、古文よりも分量は少ないので学習期間も短くて済みます。まずは入門書で概要をつかみ、その後は漢文のルールを解説する参考書でインプットし、それを終えたら入試レベルの演習教材を反復します。

現代文　テキスト購入チェックシート

	テキスト名	チェック
語彙・漢字	高校の漢字・語彙が１冊でしっかり身につく本 （土井 諭〔著〕／かんき出版）	□
読解 講義系	ゼロから覚醒　はじめよう現代文 （柳生好之〔著〕／かんき出版）	□
読解 講義系	ゼロから覚醒 Next　フレームで読み解く現代文 （柳生好之〔著〕／かんき出版）	□
演習問題	入試現代文へのアクセス 基本編 （荒川久志〔著〕／河合出版）	□
読解 講義系	ゼロから覚醒 Final　読解力完成現代文 （柳生好之〔著〕／かんき出版）	□
演習問題	入試現代文へのアクセス 発展編 （荒川久志〔著〕／かんき出版）	□
知識	SPEED 攻略 10 日間 国語 文学史 （Z 会編集部〔著〕／Z 会）	□
※共通テスト 受験者のみ	共通テスト 現代文 集中講義 （鈴木里美〔著〕／旺文社）	□
演習問題	出口式 現代文　新レベル別問題集３ 標準編 （出口 汪〔著〕／水王舎）	□
演習問題	柳生好之の現代文ポラリス　２標準レベル （柳生好之〔著〕／ KADOKAWA）	□
演習問題	出口式 現代文　新レベル別問題集４中級編 （出口 汪〔著〕／水王舎）	□
演習問題	現代文読解力の開発講座 （霜 栄〔著〕／駿台文庫）	□
演習問題	入試現代文へのアクセス 完成編 （荒川久志〔著〕／河合出版）	□
演習問題	柳生好之の現代文ポラリス　３発展レベル （柳生好之〔著〕／ KADOKAWA）	□
演習問題	上級現代文Ｉ （晴山 亨〔著〕・立川 芳雄〔著〕・菊川智子〔著〕・ 川野一幸〔著〕／ピアソン桐原）	□
演習問題	上級現代文Ⅱ （晴山 亨〔著〕・立川芳雄〔著〕・菊川智子〔著〕・ 川野一幸〔著〕／ピアソン桐原）	□

古典　テキスト購入チェックシート

	テキスト名	チェック
語彙	読んで見て覚える重要古文単語315〈三訂版〉 （武田博幸〔著〕・鞆森 祥悟〔著〕／桐原書店）	□
文法 講義系	くもんの高校入試スタートドリル こわくない国語古文・漢文（くもん出版）	□
文法 講義系	富井の古典文法をはじめからていねいに〈改訂版〉 （富井健二〔著〕／ナガセ）	□
文法 問題集	高校やさしくわかりやすい古典文法 （木下雅博〔著〕／文英堂）	□
読解 講義系	岡本梨奈の1冊読むだけで古文の読み方＆ 解き方が面白いほど身につく本 （岡本梨奈〔著〕／KADOKAWA）	□
読解 講義系	富井の古文読解をはじめからていねいに 気鋭の講師シリーズ（富井健二〔著〕／ナガセ）	□
演習問題	古文上達 基礎編 読解と演習45 （仲 光雄〔著〕／Z会）	□
※共通テスト受験者のみ	共通テスト 古文・漢文 集中講義 （伊東慈子〔著〕／旺文社）	□
演習問題	岡本梨奈の古文ポラリス　1基礎レベル （岡本梨奈〔著〕／KADOKAWA）	□
演習問題	岡本梨奈の古文ポラリス　2標準レベル （岡本梨奈〔著〕／KADOKAWA）	□
演習問題	岡本梨奈の古文ポラリス　3発展レベル （岡本梨奈〔著〕／KADOKAWA）	□
演習問題	「有名」私大古文演習（池田修二〔著〕・太田善之〔著〕・藤澤咲良〔著〕／河合出版）	□
演習問題	首都圏「難関」私大古文演習 （池田修二〔著〕／河合出版）	□
演習問題	得点奪取古文 記述対策（竹村良三〔著〕／河合出版）	□
演習問題	国公立標準問題集　CanPass古典 （白鳥永興〔著〕・福田 忍〔著〕／駿台文庫）	□
句法 講義系	漢文早覚え速答法　共通テスト対応版 （田中雄二〔著〕／学研プラス）	□
句法 講義系	基礎からのジャンプアップノート 漢文句法・演習ドリル〈改訂版〉 （三羽邦美〔著〕／旺文社）	□
演習問題	マーク式基礎問題集 漢文〈五訂版〉 （河合塾国語科〔編集〕／河合出版）	□
演習問題	得点奪取漢文 記述対策（天野成之〔著〕／河合出版）	□

5 世界史・日本史

歴史科目は丸暗記するもの、と考えている人も多いと思いますが、丸暗記しようとしている限りは、なかなか成績は上がらないし、暗記も進みません。

歴史はすべて物語です。一つひとつのトピックに対して、原因、概要、結果を理解し、それぞれのトピックのつながりを把握し、説明できるようにする学習をすることで成績は格段にアップさせられます。

最初から細かい知識をインプットしようとしても理解できず挫折しがちなので、まずはざっくりしたあらすじを把握するようにします。それができたら次に少し細かい知識まで把握する学習をし、最後に入試レベルの詳細な知識をマスターするための勉強をします。最初にあらすじという「幹」を完成させて、そこに枝や葉をつけて知識と理解を膨らませていくようなイメージです。

そのためスタートはごくやさしい内容の入門書にあたります。漫画のようなものでもOKです。偏差値60以上の人はこのプロセスは省いてしまってかまいません。

それを終えたら、より詳細な説明をしている標準レベルの講義系とその内容に合った演習系の参考書を用意して、インプットとアウトプットを繰り返していきます。そこまでできたら一問一答式の参考書で、自分の言葉でしっかり説明することを意識して取り組みましょう。

最後は、発展的な内容の参考書にあたります。講義系と演習系それぞれを用意し、同じようにインプットとアウトプットを繰り返します。この際、年代暗記に特化した参考書も用意して、暗記と確認を並行して行います。

歴史はイメージと合わせて理解し、授業ができるようになることを目指そう

歴史科目は入門書で大まかなあらすじを頭に入れてから本格的な学習に入ります。教科書や参考書を熟読して知識をインプットし、それを演習系参考書でアウトプットすることを繰り返すのが基本です。

アウトプットの最終的なゴールは、世界史・日本史の重要用語・トピックに対して、概要・理由・背景を説明できるようになることです。例えば「関ヶ原の戦い」であれば、関ヶ原の戦いとは何か、どんな理由と背景があって起きたものなのか、そして誰がどのよ

うに関わっているのかまで理解し、説明できるようにするのが重要です。関ヶ原の戦いを知らない人に対して授業ができるぐらいになることを目指します。

それができるようになるには、インプットの段階で各トピックの原因や概要、結果を意識して頭に入れることが重要です。分からない単語が出てきたら、それを理解しすべて説明できるようになるまでインプットします。

この際、イメージを一緒に確認すると格段に記憶に残りやすくなります。文字面だけでは記憶に残りにくいため、ほかのものと紐づけてイメージとして記憶に定着させるのです。対象は無関係なものでも抽象的なものや自分が思った感情でもかまいません。要は記憶を引き出すとっかかりができればいいのです。例えば徳川家康の肖像を見て、「福耳だね～」などと自分なりにツッコミを入れて、それも一緒に覚えておきましょう。合戦なども図屏風などに残された画像が教科書や資料集に掲載されていることも多く、武器や旗、兵の装備などその時代ごとの特徴があるので、興味をもって見るとなかなか面白いものです。

演習系に取り組む際、答え合わせをするときは正答例を見ずに〇×のみを判定したうえで、間違えた問題を再解答するようにします。それを終えたら初めて正答と解説を読み込んで、間違えた理由や自分の知識の足りていないところを確認します。その範囲をインプット型の参考書に戻って確認し、穴を埋めておきましょう。そのうえでよどみなく説明する練習を復習として行います。

間違えた問題や分からない単語に出合った場合は、「自分辞書」を作ってその都度書き込んでおくのがおすすめです。参考書や用語集で意味や概要を調べて、それを自分自身で要約し、自分辞書用のノートに書き込んでいくのです。これはまさに、「できなかったところをできるようにする」ためのあなただけのオリジナルの辞書です。寝る前に目を通したり音読したりして何度もインプットし、完璧に覚えたものはチェックをして消していきます。

世界史　テキスト購入チェックシート

	テキスト名	チェック
講義系	大学入試　ストーリーでわかる世界史B [古代・中世・近世] (鵜飼恵太〔著〕／KADOKAWA)	□
講義系	大学入試　ストーリーでわかる世界史B [近代・現代] (鵜飼恵太〔著〕／KADOKAWA)	□
演習問題	時代と流れで覚える！世界史B用語 (相田知史〔著〕・小林勇祐〔著〕／文英堂)	□
講義系	これならわかる！ ナビゲーター世界史B 1 先史～中世ヨーロッパ史の徹底理解 (鈴木敏彦〔著〕／山川出版社)	□
講義系	これならわかる！ ナビゲーター世界史B 2 アジア史古代~18世紀の徹底理解 (鈴木敏彦〔編さん〕／山川出版社)	□
講義系	これならわかる！ ナビゲーター世界史B 3 近世の始まり~19世紀の徹底理解 (鈴木敏彦〔編さん〕／山川出版社)	□
講義系	これならわかる！ ナビゲーター世界史B 4 帝国主義～現代史の徹底理解 (鈴木敏彦〔編さん〕／山川出版社)	□
演習問題	世界史基礎問題精講 (沼田英之〔著〕／旺文社)	□
演習問題	斎藤の世界史B一問一答〈完全網羅版〉 (斎藤 整〔著〕／学研プラス)	□
講義系	元祖 世界史の年代暗記法〈四訂版〉 (小豆畑和之〔著〕／旺文社)	□
演習問題	実力をつける世界史100題〈改訂第3版〉 (沼田英之〔著〕／旺文社)	□
演習問題	世界史 標準問題精講〈五訂版〉 (松永陽子〔著〕／旺文社)	□

日本史　テキスト購入チェックシート

	テキスト名	チェック
知識系資料	新詳日本史（浜島書店）	□
	日本史用語集 改訂版 A・B 共用 （全国歴史教育研究協議会〔編集〕／山川出版社）	□
漫画	マンガで一気に読める！ 日本史 （金谷俊一郎〔監修〕・かみゆ歴史編集部〔編集〕／西東社）	□
講義系	金谷の日本史「なぜ」と「流れ」がわかる本〈改訂版〉［原始・古代史］（金谷俊一郎〔著〕／ナガセ）	□
講義系	金谷の日本史「なぜ」と「流れ」がわかる本〈改訂版〉［中世・近世史］（金谷俊一郎〔著〕／ナガセ）	□
講義系	金谷の日本史「なぜ」と「流れ」がわかる本〈改訂版〉［近現代史］（金谷俊一郎〔著〕／ナガセ）	□
講義系	金谷の日本史「なぜ」と「流れ」がわかる本〈改訂版〉［文化史］（金谷俊一郎〔著〕／ナガセ）	□
演習問題	日本史基礎問題精講 （松本英治〔著〕・高橋 哲〔著〕／旺文社）	□
講義系	石川晶康 日本史 B 講義の実況中継 (1) 原始～古代（石川晶康〔著〕／語学春秋社）	□ □
講義系	石川晶康 日本史 B 講義の実況中継 (2) 中世～近世（石川晶康〔著〕／語学春秋社）	□
講義系	石川晶康 日本史 B 講義の実況中継 (3) 近世～近代（石川晶康〔著〕／語学春秋社）	□
講義系	石川晶康 日本史 B 講義の実況中継 (4) 近現代（石川晶康〔著〕／語学春秋社）	□
一問一答	日本史一問一答〈完全版〉 2nd edition （金谷俊一郎〔著〕／ナガセ）	□
一問一答	元祖 日本史の年代暗記法〈四訂版〉 （田中暁龍〔著〕／旺文社））	□
演習問題	実力をつける日本史 100 題〈改訂第 3 版〉 （Z 会出版編集部〔著〕／Z 会）	□
演習問題	日本史標準問題精講〈五訂版〉 （石川晶康〔著〕／旺文社）	□

6 化学

化学で受験しようとするすべての人にとって、基盤となるのが化学基礎の範囲です。化学は得意という人ほど化学基礎を飛ばして本編からスタートしようとしがちですが、まずは化学基礎の入門書にあたって理解を確かめ、それに対応するレベルの演習系参考書で正しいアウトプットができることを確認することが大切です。

共通テストを受ける人は、その次に共通テストに特化した参考書も1冊やり込みます。その後、一問一答形式の参考書で知識を確認し、正しいアウトプットができることを目指します。共通テストの化学基礎だけという人は、ここまででOKです。

私立や国立大学の二次試験を受験する人は、これらを終えた段階で、理論化学、無機化学、有機化学に進みます。高校のカリキュラムではこの順に学ぶので、違和感がなければ受験勉強もこの順で進めていきます。ただ、どちらかというと文系的な理解を好む人、例えば物事一つひとつに対して深掘りしたいタイプの人は、理論からスタートして有機、無機と進むと理解が定着しやすい場合もあります。

いずれの場合も、まずは基礎的なレベルの講義系参考書と、それに対応する演習系も用意して、インプットとアウトプットを繰り返します。それを終えたら、標準レベルの参考書を用意して、講義系を参照しながら演習系を進めていきます。

そこまで終わったら発展・過去問レベルの問題集をそれぞれで用意し、解いていきます。MARCHレベルまではここまででOKですが、難関国立大と早慶を目指す人は、さらにもう一段上のハイレベルな問題集を用意して演習を重ねます。

知識と計算、どちらが求められているかを判断しよう

化学は知識と計算の双方が求められる科目で、問題にあたる際はどちらが問われているかを正しく読み取ることが重要です。

物質名を問われている問題なのに、問題文に数字がたくさんあると計算問題だと判断してしまったり、反応式を問われているのに問題文に数字や記号が少ないと知識を問われる問題だと勘違いしたりするケースがよく見られます。自分の頭のなかにあるインプットのうち、知識と計算のどちらに紐づけるべき問題なのかを常に意識して、両者を明確に区別することを徹底することが重要です。

化学（知識）の学習プロセス

1　読む

参考書の本文全体に
ざっと目を通す
⬇
最初に戻って
一つひとつの単語に注目し
意味を考えながら精読
⬇
最後に通読、違和感なく
読み切れるかを確認

2　覚える

5秒間ページを眺める
⬇
参考書を閉じる
⬇
登場した単語や実験、定義を
一つひとつ思い出す
⬇
内容を脳内にコピーする
イメージで、思い浮かべる
⬇
再度ページを見て脳内のコピーに
抜けがないかを確認

3　解く

模範解答を手で隠しながら
覚えたページに対応する
穴埋め問題を解く
⬇
10秒で答えを出せなかった
問題には×印
⬇
10秒以内に答えられるように
なるまで繰り返す

4　整理

間違えた問題を
ノートに書き写す
⬇
自力で答えを埋めていく
⬇
10秒で正答できたらOK

できない問題は
参考書の該当部分に戻り
①からやり直し

化学基礎・化学　テキスト購入チェックシート

	テキスト名	チェック
講義系	高校化学基礎をひとつひとつわかりやすく。〈改訂版〉（船越日出映〔著〕／学研プラス）	□
問題演習	新課程　リードLightノート化学基礎（数研出版編集部〔著〕／数研出版）	□
問題演習	大学入学共通テスト対策 化学基礎（数研出版編集部〔著〕／数研出版）	□
知識	化学基礎一問一答〈完全版〉2nd edition（橋爪健作〔著〕／ナガセ）	□
講義系	高校化学の解き方をひとつひとつわかりやすく。（学研プラス〔著〕／学研プラス）	□
問題演習	化学(化学基礎・化学)　入門問題精講 三訂版（鎌田真彰〔著〕／旺文社）	□
知識	化学一問一答〈完全版〉2nd edition（橋爪健作〔著〕／ナガセ）	□
問題演習	リードLightノート化学（数研出版編集部〔著〕／数研出版）	□
講義系	鎌田の理論化学の講義〈改訂版〉（鎌田真彰〔著〕／旺文社）	□
講義系	福間の無機化学の講義〈四訂版〉（福間智人〔著〕・鎌田真彰〔著〕／旺文社）	□
講義系	鎌田の有機化学の講義〈四訂版〉（鎌田真彰〔著〕／旺文社）	□
演習問題	ゴールデンルート 化学[化学基礎・化学]標準編（松原隆志〔著〕／KADOKAWA）	□
※共通テスト受験者のみ	東進 共通テスト実戦問題集 化学（橋爪健作〔著〕／ナガセ）	□
演習問題	2022実戦化学重要問題集　化学基礎・化学（数研出版編集部〔著〕／数研出版）	□
問題演習	大学入試分野別マスターノート　理論化学［化学基礎・化学］超頻出98題（吉田隆弘〔著〕／旺文社）	□
問題演習	大学入試分野別マスターノート　無機化学［化学基礎・化学］超頻出37題（中道淳一〔著〕／旺文社）	□
問題演習	大学入試分野別マスターノート　有機化学［化学基礎・化学］超頻出76題（吉田隆弘〔著〕／旺文社）	□
問題演習	新理系の化学問題100選〈新装版〉（石川正明〔著〕／駿台文庫）	□
問題演習	大学入試対策　化学計算問題の徹底整理「化学基礎・化学」（数研出版編集部〔著〕／数研出版）	□
問題演習	理系大学受験 化学の新演習［化学基礎収録］（卜部吉庸〔著〕／三省堂）	□

知識の学習は、①読む、②覚える、③解く、④整理、の4つのプロセスで進めます。

この4つのサイクルを繰り返すことで、知識は万全にできます。計算については、数学で紹介した「究極の整理術」と同じ方法で、演習を繰り返します。

7 物理

物理も化学と同様に、基盤となる物理基礎の範囲はスキップせず、ゼロから理解を確認します。

まずはごく初歩的なレベルの入門書でインプットします。アウトプットは、問題集を入門レベルと標準レベルの2段階を用意して順に解いていきます。共通テストの物理基礎だけであれば、このあと共通テスト対策教材に取り組み、対策はこれでOKです。

それができたら、力学・波動と電磁気・熱・原子それぞれで、講義系参考書と基礎レベルの演習系参考書を用意し、インプットとアウトプットを繰り返します。

それが終わったら、標準レベルの演習系を、講義系を参照しながら解いていきます。その後は標準・過去問レベルの問題集、共通テストの物理を受ける人は共通テスト専用の問

物理基礎・物理　テキスト購入チェックシート

	テキスト名	チェック
講義系	高校物理基礎をひとつひとつわかりやすく。〈改訂版〉（長谷川大和〔著〕・徳永恵理子〔著〕・武捨賢太郎〔著〕／学研プラス）	□
演習問題	新課程　リードLightノート物理基礎（数研出版編集部〔編集〕／数研出版）	□
演習問題	ゴールデンルート 物理　基礎編［物理基礎・物理］（佐々木 哲〔著〕／KADOKAWA）	□
講義系	宇宙一わかりやすい高校物理 力学・波動〈改訂版〉（鯉沼 拓〔著〕・為近和彦〔著〕ほか／学研プラス）	□
講義系	宇宙一わかりやすい高校物理 電磁気・熱・原子〈改訂版〉（鯉沼 拓〔著〕・為近和彦〔著〕ほか／学研プラス）	□
演習問題	物理［物理基礎・物理］　入門問題精講〈新装改訂版〉（宇都史訓〔著〕・島村 誠〔著〕／旺文社）	□
演習問題	物理［物理基礎・物理］　基礎問題精講〈四訂版〉（大川保博〔著〕・宇都史訓〔著〕／旺文社）	□
演習問題	漆原の物理　明快解法講座〈四訂版〉（漆原 晃〔著〕／旺文社）	□
演習問題	漆原の物理　最強の99題〈四訂版〉（漆原 晃〔著〕／旺文社）	□
※共通テスト受験者のみ	大学入学共通テスト対策 物理（数研出版編集部〔編さん〕／数研出版）	□
演習問題	良問の風 物理　頻出・標準入試問題集（浜島清利〔著〕／河合出版）	□
演習問題	名問の森物理 力学・熱・波動Ⅰ（浜島清利〔著〕／河合出版）	□
演習問題	名問の森物理 波動Ⅱ・電磁気・原子（浜島清利〔著〕／河合出版）	□

題集もやり込みます。共通テストだけの人はここまでやれば大丈夫です。
最後は、難関大にも対応する良問を集めた問題集を反復します。

紙の参考書だけでは十分な理解ができない

物理の勉強は、基本的には数学で紹介した、体験→整理→再体験→探求という4つの工程を繰り返す「究極の整理術」を活用します。ただし、物理は紙の参考書だけで完全な理解に到達するのは難しいという性質があります。特に、力学の領域で困難を感じる受験生が多くいます。

物理では、私たちが実生活でイメージしやすい力と、そうではない目に見えない力が、教科書や参考書で同じように説明されたり、矢印で示されたりしています。実感が伴いやすい動きであればすんなり理解できるのですが、そうでないものは現実のイメージと異なるために混乱が生じやすくなります。

もともとイメージするのが困難な対象を紙上での解説だけで理解するのは無理なので、インターネットや動画サイトを活用するのが便利です。例えば、「自由落下」と検索すれば、実験や解説の映像がたくさん出てきます。紙上での説明よりもはるかに理解しやすいので、分かりにくいなと感じたら、インターネット上の便利なコンテンツを積極的に活用します。

復習の回数は多いほど良い

ここまで各科目の勉強法について個別に説明してきました。ただこれで学力がアップできるかというと、これだけではまだまだ不十分です。この勉強法を十分に活かすには反復練習が不可欠です。

すべての科目でいえることですが、普段のアウトプットや確認テストでは正答できるのに、模試になると正答できなくなる、という人が少なからずいます。

勉強した直後のテストでないと正答できないというのは、せっかく頭に入れた内容を長期記憶として定着させられていないと考えられます。

私たちは親や兄弟はもちろん、先生や友達の顔を忘れることはないし、学校までの道が分からなくなることはありません。これらはすべて毎日出会い必要となる情報なので、脳が忘れてはいけない重要な情報だと認識して記憶してくれているのです。

しかし、会うことがまったくないまま長い期間を過ぎるとクラスメートの名前も忘れてしまうし、何年も通らなければ道も忘れてしまいます。それは忘れてしまっても日常生活に支障がない情報だと脳が判断してしまうからです。

脳は必要性が低いと判断した情報は忘れてしまうようにできており、その必要性を判断する材料は接触する頻度だといわれています。ですから記憶を定着させるには、復習を繰り返し、覚えたい情報と脳が接触する回数をできるだけ増やすことが効果的です。接触する回数が多いほど、脳は忘れてはいけない重要な情報だと認識してくれるわけです。

覚えてもすぐに忘れてしまう、という人は、とにかく何度でも復習し見直しをすることで、覚えたい情報との接触回数を増やしましょう。忘れてはいけない重要な情報であることを脳に叩き込むのです。

英単語や古文の単語などの暗記科目はもちろんですが、数学など思考力や計算力が問われるほかの科目でも、同じように接触回数を増やすのは非常に効果があります。問題を見た瞬間に、「これはこうやって解く問題だな」と解法がパッと思い浮かぶぐらいになるまで反復練習するのです。

ただし反復練習を前提としている場合でも、「このあとも何度も見るだろうからそのうち覚えるだろう」という意識でいると効果は薄れてしまいます。今ここで覚えようとするからこそ頭に入るのであり、復習はあくまで確認と定着を目的とする姿勢で臨むべきです。

スケジュールどおりに進まなかったときの対応策

これまで科目別のスケジューリングと勉強法のポイントについて紹介してきましたが、予定していたその日の学習を終えられないまま寝る時間になってしまう日もあるでしょう。そんなときは、無理せずキリのよいところで勉強を終えます。その日のノルマを終えなければ、と夜遅くまでやろうとする人がいますが、睡眠時間を削ってしまうと翌日に起きられなかったり学習効率が下がったりするので逆効果です。

終わらなかった分は、1日でリカバリーできる分量であれば翌日に持ち越し、無理そうであれば少しずつずらしたり、2~3日に分けるなど配分したりして調整します。計画そのものに無理があると感じるなら、計画を修正するか、自分の勉強時間をもっと伸ばすか、いずれかを実行します。

ただしこうした計画の微修正は、あくまで短期的に調整するだけの対症療法に過ぎません。重要なのは、計画どおりに進まなかった原因を突き止めて、具体的な対策を取ることです。必ずその日のうちに分析改善をして、翌日同じことが起こらないようにすることが重要です。

例えば、スタートが遅れたためにその日の勉強量をこなせなかったのであれば、その原因を突き止め、時間どおりに勉強を始めるためにどうすべきか対策を考えて、翌日以降の行動を決めます。

朝食時に観ていたテレビの続きが気になって、時間になってもやめられなかったということであれば、翌日から朝食時にはテレビを消すことにします。朝に机に向かっても、頭がぼーっとしてなかなか取り掛かれなかったのであれば、前日の寝る前の行動や睡眠に問題がなかったかを検証するのです。

ただ、最初のうちは復習のウエートが大きいうえ、理解度が低い段階での分析改善にも時間がかかるので、時間が足りなくなるということが起こりがちです。それでも、学習が進むにしたがって完璧に覚えたところの復習の必要がなくなりますし、分析改善を必要とする頻度も減ってくるため、順調に計画をこなすほどだんだんスピードが上がってきます。なので計画が後ずれしたところを、そこで巻き返せる可能性もあります。

ちなみに、明日は頑張って取り戻そうとか、次からはダラダラしないで効率よく進めようといった、抽象的な反省はまったく無意味です。また同じことを繰り返してどんどん計画がずれてしまうだけです。必ず原因を突き止め、対策を立て、翌日に取るべき行動まで落とし込むことが重要です。

負債を残して次に進めば、借金はみるみる膨らんでいく

これまでできなかったことをできるようになって初めて、成績は上がります。自分自身が日々取り組んでいる勉強が、成績を上げるための行動になっているかどうかは、必ず定期的にチェックする必要があります。

私が経営する塾では、ほぼ毎日確認テストを課して理解度を確認し、できなかったとこ

ろは分析改善を行っています。

独学する受験生の場合は、アウトプット型の参考書を確認テスト代わりとして、理解をその都度評価します。自分の言葉で説明できることを重視する科目では、それができるかどうかも確認テストとして活用するという方法があります。

特に自学自習を実践する受験生にとっては、この確認テストは自分の理解度を確かめる物差しとしてとても有効です。確認テストをすることで、できていないところを見つけ、その原因を分析し、それをつぶすことで、できていないところを着実にできるようにしていきます。そうすることで、自分が成長していることを実感できるのでやる気も湧いてきますし、合格が着実に近づきます。

確認テストはできれば満点、最低でも9割以上の正答を目指します。入試では7～8割取れていれば合格できるので、そこまで求める必要はないのでは、と思う人もいるかもしれません。しかし、日常の自学自習で満点を取れない人が、本番の試験で7割正答できるかといえば、それは難しいのです。日常のテストで9割取れてこそ、本番で7割8割を取れるといえます。

さらにいえば、確認テストで7割の正答で満足すると、3割の負債（＝分かっていない部分）をもったまま次へ進むことになり、それを繰り返すほど、負債は雪だるま式に膨らんでいくことになります。かといって100％の正答を課してしまうとなかなか次へ進めずに停滞するので、そのバランスの取り方が難しいところではあるのですが、最低でも9割は理解して次に進むことを意識します。

確認テストで全問正解できなかったときは

確認テストで正答できなかった問題の原因は、以下の2つのうちいずれかであることが多いです。

・勉強方法を理解できていない

最短距離で成績を上げるための勉強法を実行できていない可能性があります。改めて、自分のやっている勉強法が適切であるか、正しい勉強法を理解しそれを実行できているかを確認します。また、この本で紹介する勉強法がすべての人に最適というわけではないので、やってみていまひとつ合わないと感じたらいろいろと試行錯誤してみることも大切です。

・復習をしていない

復習とは一度解いた問題を再度やり直し、解けるようにすることです。正しい勉強法であっても、1度の勉強で覚えられることには限界があります。特に解けなかった問題を解けるようにするには復習は必須です。理解したはずなのに、以前は解けたはずなのに、時間が経つと解けなくなっているのは、復習をしていない、あるいは復習の内容に問題があると考えられます。5日学習したら2日復習するという1週間のサイクルがうまく回せているかを、再度確認します。

また、普段のインプットの段階から、復習することを前提とした工夫をすることも重要です。例えば、十分に理解していると自信をもって言える範囲は何度も繰り返す必要はありませんが、そうでないところは確実に復習できるよう印を付けておくとよいです。あとから見直すときに、スキップしていいところと、軽く確認するところ、じっくり復習するところが一目で分かるよう、◎○△×などの印を付けます。

そのうえで、問題がなぜ解けなかったかの原因を探ります。英語であれば、関係詞と関係副詞の違いが理解できていなかったから間違えた、ということなら、参考書のその部分に戻って、完璧に説明できるまで繰り返します。できれば寝る前と翌朝も繰り返して、記憶を定着させるのが理想です。

このほかに、生活習慣に問題があって勉強時間が確保できないことや、なんらかの精神的な問題に起因していることもあります。

定期テスト期間をどう過ごすか

鬼管理スケジュールに沿って受験のための勉強スケジュールを進めているところに、学校の定期テストが入ってくるのはなかなか厄介な問題です。

高1生、高2生であれば、受験勉強をいったん中断して、定期テストの対策に集中すべきです。定期テスト範囲の学習に取り組むことで基礎を固め、得点できる力を養えますし、校内で高い評定を獲得し指定校推薦や総合型選抜のルートを確保しておいて損はありません。定期テストの日程は年度初めには決まっているので、学習計画を立てる際はその期間に受験勉強を入れないようにしておきます。

しかし、明確に志望大学を定めて準備をしている高3生の場合は、事情が異なります。入試本番まで時間が限られているなかで、受験する科目であればともかく、受験と直接関係しない科目の勉強をしている暇はありません。推薦が視野に入っていて校内で良い成績をキープする必要がある人は別ですが、一般入試で勝負すると決めているなら、思い切って定期テスト対策をせずに受験勉強をそのまま続けてもかまわないと思います。

学校の先生も立場上、定期テストを軽視していいとは言わないでしょうが、大学受験を目指す高3生ならある程度仕方がないことは理解しており、あまりうるさくは言わないはずです。

普通の勉強を普通に続けるだけでは、ほかの多くの受験生と差をつけることはできません。鬼管理の勉強スケジュールと正しい自学自習を継続し続けることで合格への道は開かれるのです。

［第4章］

ベストコンディションで受験勉強に打ち込む！生活習慣の鬼管理

受験生は受験勉強のプロになることが求められる

2023年のWBC（ワールドベースボールクラシック）でMVPに輝いた大谷翔平選手は、あるインタビューで甘いものは食べないと話していました。彼に限らず一流のスポーツ選手は、日々のトレーニングはもちろん生活全般にも注意を払い、睡眠、食事の内容や量、生活習慣をストイックに管理しています。

スポーツ選手に限らず、モデルや俳優などもベストな体形やコンディションを維持するためのワークアウトや食事管理を徹底しています。また歌手や声優、講演業など声を仕事にする人では喉の乾燥を防ぐためエアコンの利用を控えたり、常に加湿器を持ち歩いたりする人もいると聞きます。

なぜそこまで大変なことを継続しているかといえば、彼ら彼女らはプロだからです。自らに求められる役割を確実に果たしていくために、必要なことを実行しているのです。

この姿勢は受験生も見習うべきです。受験勉強はまさに体が資本であり、同じ時間同じ勉強をしても、体調が万全な場合とそうでない場合ではその成果は大きく違ってきます。

受験生の最大のミッションは志望校に合格することであり、それを実現するための勉強を常にベストな状態で継続し、パフォーマンスを最大化することが求められます。そのためには勉強時間以外の時間も意識して管理していくことは不可欠です。

プロの人たちとは異なり、受験生はコンディションの良し悪しが収入に直結するわけではありません。しかし難関大学に合格できるかどうかが将来の収入を大きく左右する可能性が大きいのです。しかも受験生が厳しい生活管理をすべき期間はわずか1年ほどです。この短い期間ぐらいは生活を受験勉強だけにフォーカスし、合格を阻む要因を徹底的に排除できるはずです。

今の生活で必要な勉強時間を捻出できるか

勉強時間以外の時間や生活習慣まで管理するもう1つの目的は、必要な勉強時間を確保することです。有名大学に合格するには3000時間の勉強が必要なので、本番まで1年あるという場合は1日平均で8・2時間の勉強が必要になります。実際には学校のある日は難しいので、休日で13時間、平日6時間以上は確保しなければなりません。

スタートが遅い人であればもっと長い時間が必要になるので、勉強以外の時間を圧縮しなければとても必要な学習を終えられません。しかし睡眠時間を削っては勉強に悪影響を及ぼすので、それ以外の時間を見直す必要があります。例えば食事にダラダラと時間をかけている人や、スマホを触っている時間や何もしていない時間が長い人は、時間の使い方を根本的に変えていく必要があります。

高1生、高2生であれば1日3時間程度の勉強時間を確保できれば、ほかの時間の使い方まではそれほど意識する必要はありません。ただ、3時間ダラダラと勉強して満足していては意味がないことはいうまでもありません。なぜ勉強をするのか、その意味がきちんと理解できていれば、意識しなくても勉強時間は増え、質も高まっていくので、こうした状態までもっていくのが理想です。

部活、学校行事など時間を取られる用事に対応するには

勉強したい気持ちはあっても、受験生を取り巻くさまざまな誘惑やイベントがそれを邪魔してきます。勉強時間の確保を阻害する要因は、大きく2つに分けられます。1つは自

分では回避できないもの、そしてもう1つは自分でなんとかできるものです。

①自分では回避できないもの

自分で回避できないものとしては、部活や授業、学校行事、家庭の用事などがあります。これらの時間はどうしても取られてしまうものなので、時間を使ってしまった分だけ勉強時間を増やせばいいと割り切ってかまいません。勉強していない時間は常に、今この時間を勉強時間にできないかと考えて、少しでも可能なことがあれば行動に移すのです。

例えば、学校行事が終わったらそのまま教室に残って友達と余韻を楽しみたいかもしれませんが、そこはぐっと我慢して帰宅します。自宅でもトイレやお風呂、ドライヤーで髪を乾かしている時間など、勉強時間ではない時間に何かできることはないかを工夫すれば、実は勉強できる時間はたくさんあることに気づくはずです。

トイレの目につく高さに単語など覚えたいことを書いた紙を貼る、お風呂に暗記カードを持ち込むなどは有効です。髪が長い人は乾かすにも時間がかかりますが、鏡に覚えたいことを貼っておけばドライヤーをかけながら暗記できます。もちろん通学の電車やバス、休み時間なども同様です。1秒につき1単語と仮定すれば1分あれば英単語は60個ぐらいは反復練習できるのですから、こうした細切れの時間を積み上げていけば暗記ものは机でやる必要はないぐらいです。

また3年生であれば授業時間も活用していいと思います。授業内容と自分が取り組む勉強のレベルがかけ離れていたり、そもそも受験に必要のなかったりする科目であれば、周りの生徒や先生の迷惑にならない範囲でこっそり別の勉強をしていてもかまいません。

授業中に内職をしてもいいか許可を求めたところで、先生は立場上OKを出せないこともあります。それでも志望大学合格を目指して寸暇を惜しんで勉強を頑張っていることを伝えておけば、黙認してくれる先生もいるかと思います。

1日は24時間と限られている以上、机に向かう時間だけをカウントしていてはすぐに限界が来ます。私がかつて指導していた生徒に、腕にマジックで英単語を書いて体育の時間に覚えていた受験生がいました。そこまでしろとは言いませんが、そのぐらいの気概をもてば勉強時間を増やす余地はいくらでも見つかるのです。

②自分で回避できるもの

一方、自分で回避できるものには、友達の誘い、スマホや漫画、ゲーム、テレビなどがあります。これらは自身でどうにでもできるものだけに、かえって難しいという面があります。スマホは触らないぞ、漫画は読まないぞと決めたところで、人間の意志は弱いもの、簡単に誘惑に負けてしまいます。注意しよう、我慢しようなどといった自分の意志に依存するのではなく、誘惑に負けないための絶対的で物理的な仕組みをつくることが必要です。

例えば、ダイエットすると固く決意した人であっても、お腹が空いているときに目の前においしそうなお菓子があれば我慢できずに手が伸びてしまいます。ダイエットを成功させるにはお菓子を食べないと決めるだけではなく、家にお菓子を一切置かず、食べたくても簡単には食べられない状況をつくることが重要です。

同じく受験勉強でも集中できる状況を自分でつくり出す必要があります。友達には遊びに誘わないように言っておく、漫画やゲーム機なら思い切って処分するか、簡単には取り出せないところにしまっておくというような対策が考えられます。

自分でなんとかできる誘惑のなかでも、特に受験生の時間を奪ってくる手ごわい存在がスマホです。スマホは友達との連絡手段になっているうえ、ＹｏｕＴｕｂｅやＴｉｋＴｏｋ、ＳＮＳなど、アプリや情報もたくさんあります。最初は休憩の5分だけのつもりが気がついたら何時間も経っていることも日常茶飯事で、スマホは受験勉強の最大の敵といっても過言ではありません。合格に必要な勉強時間を確保するには、スマホとの付き合い方を根本から見直す必要があります。

多くの受験生がスマホに勉強時間を奪われている

こんな悩みをもっているのは自分だけだと思っているならそれは違います。多くの受験生が、勉強しなければいけないと分かっているのにスマホを触ってしまい、勉強時間を奪われて自己嫌悪に陥っているのです。

周囲の多くの受験生と同じことに悩まされているうちは、周りと同レベルの平均値から脱することはできません。要するに、周囲と同じようにスマホを使い続けているうちは、偏差値50程度がせいぜいでそれより上のレベルに達することは難しいのです。

ではどうすればよいのか――答えは簡単です。スマホの誘惑に負けることなく、スマホ依存のライバルたちよりも多くの勉強時間を確保すればいいだけのことです。それだけで彼らとは大きな差をつけることができます。

まずは自分がどれぐらいの時間、スマホを使っているかを確認してみましょう。iPhoneであれば「設定」→「スクリーンタイム」で、Androidなら「設定」→「Digital Wellbeingと保護者による使用制限」で、1日何時間使っているかが分かります。多くの場合、自分で思っているよりもずっと長い時間が表示されてびっくりするもので、平日であっても5~6時間使っている受験生もザラにいます。

だったら2時間程度に短縮すればいいと思うかもしれません。確かに、1日5~6時間スマホを触っている状態に比べれば、マシではあります。

しかし、1日2時間スマホを使い続ける人は、大切な受験期の1年間で730時間をスマホに費やすことになります。1日平均8時間勉強している人なら、スマホを触らない人より3カ月勉強が遅れることになります。それでいいと思うなら、スマホは1日2時間という生活を始めてかまいません。しかし、最初から3カ月も後れを取ることを前提に不利な計画を立てて、本当に必要な勉強量をこなして周りの受験生を追い越せるかというと、これは無理な相談です。

スマホを我慢してこんなにたくさん勉強時間を取らないといけないなんて大変だと感じる人もいると思います。しかし難関大学に合格すれば、そうでない場合よりもその後の人生で有利になることが多いですし、収入も上がるケースが多いです。この1年間を踏ん張るだけで、今後の人生が大きく変わるといっても過言ではないのです。

人生100年時代といわれるなか、大学受験のあともほとんどの人は80年以上生きることになります。その間苦労を重ねるのか、少しでもラクをするのか、どちらを選ぶかと問われればまず後者を選ぶと思います。それはとりもなおさず、この1年間スマホを触ってダラダラする時間を楽しむのか、それともその時間を勉強に充てるのか、という問いと同義なのです。

スマホ利用を管理し、勉強時間を確保する方法

私は受験期間のスマホ使用をゼロにしろ、と言うつもりはありません。必要な勉強時間

を確保し、スマホに振り回されない生活を送れるのであれば問題はありませんが、それまでスマホ漬けの生活を送っていた人ほど、スマホとの付き合い方を見直すにはシビアな管理が必要になります。

スマホの使用時間を管理するには、以下の方法が考えられます。

①保護者に預ける

スマホを使ってよい時間を事前に決めておき、それ以外の時間は親など保護者に預けます。

②スクリーンタイム機能などを使って、勉強時間は使えないようにする

スマホでは時間帯を設定して、指定したアプリ以外を使えなくする設定ができます。自分で解除できてしまうと意味がないので、パスコードを親などに管理してもらうなどの工夫が必要です。

③制限アプリを使う

スマホを使わない時間が増えるほどポイントがたまるアプリや、事前に登録した人が自分のスマホ使用時間をチェックできるアプリがあります。前者はポイントをためることにどれだけメリットを感じられるかで効果は左右されます。後者であれば親などにチェックしてもらうことで、一定の効果が期待できます。

④タイムロックコンテナを使う

タイムロックコンテナは、スマホを入れてロックすると、設定した時間にならなければ開かなくなるコンテナです。こちらも自分でロックを解除できるようでは意味がないので、コンテナそのものを遠ざけたり、自分では解除できなくしたりする工夫も必要です。

受験生に夜型という選択肢はない

勉強だけでなく仕事でも、早朝に作業がはかどる朝型人間と、夜遅くなるほど集中できる夜型人間がいるといわれています。私自身、受験生だった頃は朝型生活をしていましたが、今は夜型生活にシフトしています。私の場合は仕事が夕方や夜に偏りがちというのが理由ではありますが、そもそも夜のほうが集中できると感じる人も多いでしょう。

ただ、基本的に受験生には選択の余地はなく、有無を言わせず朝型にする必要があります。睡眠時間が3～4時間で十分足りるという人であれば別ですが、そうでない人が深夜遅くまで勉強していると翌日のパフォーマンスが大きく下がってしまいます。

なにより、本番である大学入試自体が午前中の早い時間にスタートするので、その時間から頭のエンジンを全開にできるよう普段から慣らしておく必要もあります。

土日や夏休みなど学校がない期間だけでも夜型にしたいと考える人もいますが、そんな風に条件を変えてしまうと、パフォーマンスが落ちたときに原因の分析改善が難しくなってしまいます。また、1日の勉強時間や科目の配分は複数のパターンを試してみて、効率がよい配分にするべきですが、朝型を急に夜型に変えたりすると新しい条件下で効率が上がるパターンを探して再度実験をしなければならず、かえって調整に手間がかかります。

夜型から朝型に戻すときにも効率が落ちる恐れがあるので、受験生の間は朝型をデフォルトにすると割り切って、生活パターンを一定にするほうがメリットは大きいのです。

そもそも、午前中よりも夜のほうが集中できると感じる人も、実際はそうではない可能性があります。人間の集中力は朝が満タンで時間が経つほど減っていくのが普通です。朝にぼーっとしがちで集中できないのは夜型人間だからではなく、寝起きの悪さに起因していることが多く、それは睡眠の質や睡眠時間に影響されている可能性が高いのです。

4時に勉強を始める超朝型か、9時にスタートする遅めの朝型か、という点については自身に合ったパターンを探す余地はありますが、受験生に夜型という選択肢はないと考えるべきです。

若い世代ほど睡眠時間は必要になる

睡眠は心身の疲労を回復するとともに、ストレスも解消する働きもあるので、勉強のパフォーマンスを最大化するためには十分な睡眠時間を取る必要があります。勉強時間を捻出しなければならない受験生ほど睡眠時間に手を付けたくなるでしょうが、睡眠時間を必要以上に削るのはまったくの逆効果です。

快適な睡眠を確保するための睡眠時間や睡眠パターンは個人差が大きく、一概に何時間あればいいとは言い切れません。しかし健康づくりのための睡眠指針検討会報告書（厚生労働省）によると、必要な睡眠時間は10歳代では8～10時間、成人以降50歳代までは6・5～7・8時間、60歳代以上で平均6時間弱と、年齢が若いほど長くなる傾向があります。両親や祖父母が短い睡眠時間で元気に過ごしていたとしても、受験生が同じ睡眠時間で足りているとはいえないのです。

一般的な睡眠パターンの大学受験生なら最低7時間、できれば8時間の睡眠時間を確保するのが理想です。また、寝床で長く過ごし過ぎると熟睡感が減ることも分かっているので、朝目が覚めてからもダラダラとベッドにいたり、夜寝る前にベッドでスマホを触ったりするのはやめましょう。特に寝る前のスマホは寝つきを悪くするので睡眠時間を減らす恐れもあり、睡眠の質にも悪影響を及ぼします。

勉強しなければいけないのに、朝起きられない理由

朝、起きなければいけないのになかなか起きられない、あるいは9時に勉強をスタートするはずが起きたら昼だった、といった経験をしている人も多いでしょう。

でもそこで自己嫌悪に陥ってはいけません。それは、次は頑張ろう、気をつけよう、と言っているのと同じです。気持ちで解決しようとしてもまったく無意味ですし、それでは一生解決なんかしません。重要なのは「原因を見つけ」「解決策を実行し」「二度と起こさぬような仕組みをつくる」ことです。つまり分析改善のシステムはすべてに応用できるのです。

睡眠時間が足りていない場合、まずは睡眠時間を確保する必要がありますが、十分な時間を取っているのに朝起きられないという人もいます。その原因は2つ考えられます。

①寝つきあるいは睡眠の質が悪く、実質的な睡眠が不足している

ベッドに入って目をつむったら、そこから睡眠時間が始まるわけではありません。寝つくまでに時間がかかれば当然睡眠は不足しますし、睡眠の質が悪ければ起きる時間になってもすっきりしなかったり、日中に眠気に襲われたりしてしまいます。

こうした症状の原因の一つに、自律神経のバランスがくずれてしまっていることが考えられます。

自律神経には仕事や運動など活発に活動しているときに働く交感神経と、リラックスするときに働く副交感神経が、互いにバランスを取りながら体の状態を調整しています。睡眠時間はリラックス時に活躍する副交感神経が優位に働くべきときなので、寝る前には副交感神経が優位になるようシフトしていくと、スムーズに入眠できるようになります。逆に活動的なときに活躍する交感神経が優位のままだと、寝つきが悪くなり、睡眠の質の低下につながります。

寝る前に交感神経の働きを高めてしまう要因としては、スマホを見たり、食事をして胃腸を働かせてしまったり、熱いお風呂やシャワーを浴びてしまうことなどがあります。スマホやパソコンはその光が刺激になりますし、食事は血糖値が上がります。また、熱いお風呂に入ると体温が上がるため、交感神経を興奮させてしまいます。

こうしたことを防ぐためにスマホなどの光を発するものは寝る2時間前からは見ない、食事は寝る時間の3時間前までに済ませる、お風呂やシャワーは40℃程度のぬるめにするか、熱いお風呂が好きな人は寝る90分前には済ませておくようにします。

寝る直前の過ごし方としてはその日の復習が最適です。深い思考が必要な勉強は避け、その日や前日などに学んだことを見直して、記憶を定着させる時間に充てます。

②朝起きるための工夫をしていない

朝、起きるべき時間にアラームが鳴っても起きられないとか二度寝してしまうというのは、一度目が覚めても起きられる状態になっておらず、体がまだ睡眠モードのままになっていると考えられます。こういうときこそ、副交感神経優位なリラックス状態から交感神経優位のアクティブ状態にスイッチする必要があります。これは寝る前にやってはいけないことを逆に朝やればいいことになります。

具体的には、電気をつけたりカーテンを開けて明るい光を浴びたり、熱めのシャワーを浴びたり、朝ごはんを食べればいいのです。

それ以前の問題で、そもそもベッドや布団から出られないという人は、二度寝防止のアラームアプリを活用するという手もあります。「おこしてＭＥ」など、なんらかのミッションをクリアしないとアラームが止まらない仕組みのアプリを試してみてください。

おすすめはバーコードを撮影するミッションで、本や食品パッケージなどなんでもいいのでバーコードを寝室から遠い場所に置いておき、それを撮影するとアラームが止まるようにしておくのです。

バーコードをバスルームに置いておき、アラームを止めたらそのままシャワーを浴びたり、顔を洗ったりするのもよいです。決められた場所の写真を撮影するとか、決められた運動や計算をするミッションもあるので、自分が最も目が覚めやすいミッションを選びます。

勉強中に猛烈な眠気に襲われたときは？

人の睡眠のリズムとして、午後2時くらいに眠気が生じることが明らかになっており、それ自体は仕方がないことです。しかし、睡眠不足の状態では、このときの眠気が強くなり過ぎて勉強に支障が生じてしまいます。

眠気が強くて勉強に集中できないときは、思い切って20~30分の短い昼寝でリフレッシュしたほうがよいです。昼寝は長過ぎるとその後ぼんやりしてしまううえ、夕方以降の昼寝は夜の睡眠に悪影響を及ぼすことが多くなります。昼寝や仮眠は短時間にとどめ、午後3時には起きる必要があります。

ただ、そのまま眠ってしまう可能性もありますので、ベッドで横になるのではなく、机にうつ伏せで寝たほうがいいです。このとき目をつぶって何も考えないようにしましょう。何かを思考してしまうとその20分間が無駄になります。それはスマホをやっている状態と同じで休息にはならないのです。

ただしこれはあくまで日中の猛烈な眠気が生じたときの対処法です。それとは別に、勉強を中断させられるほどの眠気を感じてしまう原因を分析し、改善することを実践する必要があります。睡眠時間は足りているか、睡眠の質が悪くなっていないかを改めてチェックし、具体的な行動に落とし込むのです。

睡眠時間が十分で、睡眠の質を悪くするような習慣もないのに熟睡感がなかったり、寝つきが悪い、日中に猛烈な眠気に襲われたりする場合は、医療機関の受診も検討する必要があります。

自分に合った休憩ペースを見つけよう

勉強に集中していると脳も疲労するので、適切に休憩を取ることも重要です。休憩は一定時間を経過したら強制的に取るか、あるいはここまで終えたら休憩しよう、と内容で区切る方法もあります。自分の勉強の進み方が把握できていれば前者でもいいですが、そうでないうちは時間を区切ったほうがよいです。そうでないと、思いのほか時間がかかってしまい、いつまで経っても休憩できないという事態が起こりがちだからです。

休憩を挟むペースについては、高校の時間割に合わせて50分勉強して10分休憩のサイクルでもいいですし、ポモドーロサイクルといわれている25分集中して5分休むを繰り返す方法でもいいと思います。私の場合は30分勉強したら5分休むのを1セットとしていましたが、自分が最も効率よく勉強できると感じるサイクルでいいと思います。

また、休憩時間になっても、キリのいいところまで終わらせてから休もうと思うかもしれませんが、人間は中途半端なところで中断させられるとそれを早く終わらせたいという意欲が働くので、再開するときに取り掛かりやすいというメリットもあります。

重要なのはペースよりも休憩の過ごし方です。休憩時間になると待ってましたとばかりにスマホに手を伸ばす人がとても多いのですが、短い休憩のあとにまた勉強を再開するという状況であれば、スマホを触らない休憩時間を過ごすのが理想です。

スマホを見ているとたくさんの情報を次々受け取ることになるので、脳が休まりません。鬼管理の勉強では、ひたすらインプットとアウトプットを繰り返しているので、逆に休憩時間は情報を遮断し、インプットもアウトプットもしない時間を過ごしてください。

私の場合は、リラックスできる音楽を流して深呼吸し、脳を休めることを心がけていました。軽いストレッチをするなど体を動かすのもよいと思います。

集中力と記憶力は食事でアップできる

私たちの身体は食べたものでできていますし、脳は食べたものをエネルギー源として働いています。受験勉強と成績アップに特化した生活を送る受験生も、アスリートなどと同様に食事に注意を払うべきです。

受験勉強の期間はなるべく控えてほしい食べ物に、高GI食品があります。GIとは食後血糖値の上昇を示す指標、グライセミック・インデックス（Glycemic Index）の略で、高GI食品とはこの値が高く食後に血糖値が急激に上がりやすい食べ物です。どんな食べ物でも食後は血糖値が上がるものですが、その上がり方が急だと眠くなったり、集中力が低下したりしてしまいます。

血糖値を急上昇させないためには糖質を制限すればいいのではないかと考える人もいますが、脳科学者の西 剛志先生の著書『脳科学者が教える集中力と記憶力を上げる低GI食脳にいい最強の食事術』（アスコム）によると、糖質は多過ぎても少な過ぎても脳は十分に機能しなくなるので、GI値が低い低GI食を活用して脳に定期的にエネルギーを供給していくと学習効果が高まるのだそうです。12～14歳の子どもたちを対象にした記憶力や注意力などを調べる認知機能テストでも、高GIの朝食を取ったグループに比べて低GIの朝食を取ったグループのほうが良かったという研究結果もあるそうなので、糖質を制限するよりも可能な範囲で低GI食に置き換えるのが理想です。

例えば、主食であれば白米はGI値が高めですが、玄米は低めです。パンも菓子パンや食パンなど精製された小麦を使ったものはGI値が高めですが、全粒粉やライ麦のパンは低めです。甘いお菓子やおせんべいなども全般的にGI値が高いです。

低GI食品の代表的なものは、野菜全般、肉・魚・豆類・卵などの高たんぱく食品、ナッツなどが挙げられます。また、甘いお菓子に比べるとフルーツは比較的GI値が低いので、甘いものが食べたいときはフルーツを選びます。

一般的に高GI食品には、高校生が好む食べ物が多くあります。絶対に食べないで、とは言いませんが、できるだけ頻度や量を抑えることが必要です。

免疫力をアップさせる発酵食品も、積極的に食べてほしい食品の一つです。生活に取り入れやすい発酵食品としては、納豆やキムチ、ヨーグルトなどがあります。私も受験生だった頃は、母親に頼んでいつもキムチと納豆を冷蔵庫に用意してもらっていました。そのおかげかどうかは分かりませんが、受験期は風邪一つひくことがなかったし、体調を崩すこともありませんでした。

とはいえ、体に良いモノだけを食べていればいいのではなく、栄養バランスの取れた食事をよく噛んで食べることが、胃腸の負担を軽くし体調を整えることにつながります。また満腹にすると眠くなったり集中力が落ちたりするので、食事は腹八分目で抑えることも

カフェインの摂取時間と寝つくまでの時間

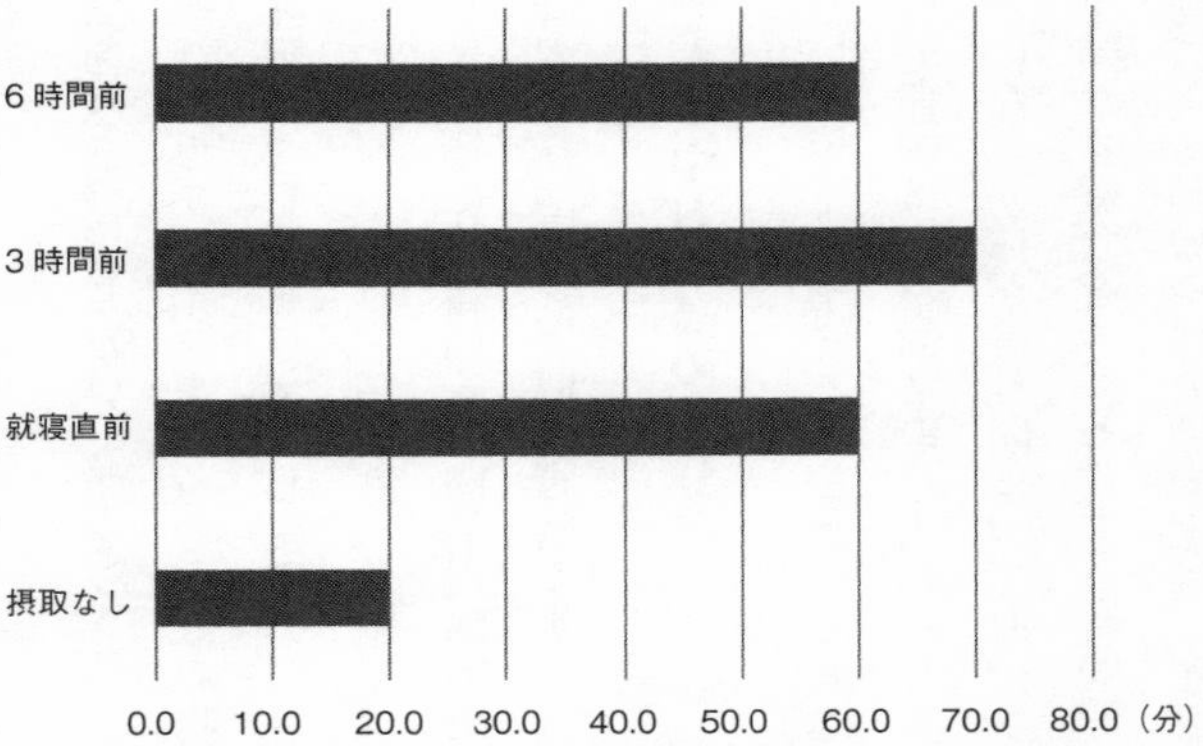

出典：National Library of Medicine の公式ウェブサイト記事を基に著者作成

受験期間の食事について

積極的に食べたい食品

玄米、全粒粉パン、
ライ麦パン、野菜全般、肉、
魚、卵、豆類、ナッツ、
フルーツ、納豆、キムチ、
ヨーグルト

なるべく控えたい食品

菓子パン、ファストフード、
甘いお菓子、スナック菓子、
インスタントラーメン、
コーヒー、緑茶、
エナジードリンク

重要です。

眠気を吹き飛ばしたい、頭をシャキッとさせたいという目的で、コーヒーやエナジードリンクなどカフェインを多く含む飲み物を取る人もいるでしょうが、カフェインの覚醒作用は睡眠に悪影響を与えてしまうので注意が必要です。眠気を取るために飲んだコーヒーで睡眠の質が下がり、翌日もっと眠くなってしまうという悪循環に陥ることがあってはなりません。特に就寝の6時間前以降のカフェイン摂取は入眠を妨げる傾向があるので、夕方以降のカフェイン摂取は厳禁です。

運動でも集中力は高められる

激しいスポーツをする必要はありませんが、受験勉強期間でも休憩がてら軽く体を動かす程度の運動は日常的に取り入れましょう。勉強をしているとずっと同じ体勢で座っていることになり、体が凝り固まって血行も悪くなりがちなので、勉強時間を圧迫しない程度に体を動かす機会をつくることも必要です。

運動による刺激や体力の向上は、記憶や認知、論理的思考の構築や集中力を高める効果があるのです。アメリカ・イリノイ州で実施された研究「小学生の全身持久力と算数・読解テストの成績との関係」で、テスト中の子どもたちの脳波は運動後に活発になるという結果が発表されました。

私は受験生時代、1日30分ほど長めの休憩を取って近所をランニングしていました。走りながらその日の勉強を振り返って、できるようになったことや見つかった課題などを頭のなかで整理する時間にしていました。それまでずっと座りっぱなしで勉強していただけに、外の空気を吸いながら走るのがとても気持ちがよく、帰ったらそのままお風呂に入って汗を流すと爽快な気分になれました。

勉強スペースは集中できる空間をつくろう

勉強する環境も重要です。勉強机がごちゃごちゃしていると注意が分散してしまうので、勉強に必要なもの以外は置かないようにします。視界には参考書とノート、筆記具だけというのが理想です。

そもそも集中という字は「中に集める」と書きます。これは一点に集めるというイメージなのに、さまざまな要素に分散してしまってはとても集中とは呼べません。モノが多過ぎるとどうしても散らかりますし誘惑も増えます。受験勉強のスタートを契機に不要なものは処分し、ゲーム機や漫画などは室内に置かないようにしましょう。最低でも勉強机についたときの視界には余計なものが入らないよう整理し、モノが少ないスッキリとした空間にすべきです。

勉強部屋がない、あっても兄弟と共用で集中できないという人は、リビングで勉強する場合でも、できればダイニングテーブルではなく部屋の隅などに、余計なものが視界に入りにくい勉強スペースをつくるのが理想です。塾や学校の自習室も積極的に活用したり、超朝型の生活にシフトして家族が起きる前の早朝の時間を利用したりする方法もあります。

それでも家族がいる時間に勉強ができないようでは困るので、こうしたときでも集中を保てるよう、勉強している時間はテレビをつけないでほしい、ゲームはテレビ画面を使わず携帯端末で遊んでもらうなど、家族に具体的に協力を求めることも必要です。

幼い弟や妹がいる人は大変かもしれませんが、大事な勉強をしていることやその期間は限られていることを分かってもらうようにします。

一日の疲れは入浴でリセット

勉強時間を確保するため、入浴はシャワーでさっと済ませようと考える人もいるでしょうが、ゆっくりとお湯につかる時間は確保したほうが、結果として勉強の効率を上げられるケースもあります。

受験生はとにかく疲労が溜まりやすいので、睡眠だけでなく入浴もうまく活用し、毎日の疲れをリセットし、コンディションを整えておきたいものです。湯船につかって体が温まると血流が良くなるので新陳代謝も活発になり、体の中に溜まっている老廃物が洗い流される効果が期待できます。さらに、全身の疲れの回復を促し、ストレスをしずめ、スムーズな入眠を促してくれる効果もあります。好きな香りや色の入浴剤も使えば、よりリラックスできます。

そんな時間がもったいない、勉強時間が減ってしまう、という人は、お風呂の時間を利用して勉強すればいいのです。覚えられていない単語や公式、用語などをまとめた紙や、英語長文の印刷した紙をジッパー付きの袋に入れて持ち込めば、濡らさずに読むことができます。のぼせないようお湯はぬるくして、覚えるまで、あるいは読み終わるまでは上がれないと決めると、お風呂の時間もインプットの時間にできます。ただし、寝る前の入浴では熟考が必要な内容は避けて、暗記ものや復習にとどめておくのがポイントです。

ながら勉強で目標は達成できるか

勉強中に推しのアーティストの音楽を流したり、お菓子を食べたりする人や、動画を観ながら勉強するという人もいます。ファストフード店やファミレスなどで、友達とおしゃべりしながら勉強している中高生もよく見かけます。

しかしはっきり言って「ながら勉強」をしている人の多くは、受験勉強の目的を達成できていません。2時間勉強する、数学のこの範囲を終わらせる、というその場限りの目的は達成できているかもしれません。しかしその内容を完全に理解して正しいアウトプットをできるようにする、これまで得点できていなかったところを得点できるようにする、そして効率よく最短距離で成績を上げるという受験勉強の本質は達成できていないのです。

推しの音楽を聴きながら勉強したいという人は、無音の状態でも同じ勉強をしてみて、本当に同じパフォーマンスを発揮できているかを確認してみるべきです。本当に集中している状態では音楽も耳に入ってこないものです。聴き入ったりリズムに乗ったり口ずさんでしまっているなら、意識が分散している証拠です。3000時間の勉強時間を確保しても、その質が劣っていては、同じ勉強時間を集中してやり遂げたライバルに勝てるはずがありません。

ながら勉強をしていて偏差値70をキープできているのであれば、なんの問題もありません。しかしそうでないなら、限られた勉強時間の成果を最大化できる環境にしたほうが、後悔がないはずです。

［第5章］

意欲的に勉強に取り組む！モチベーションの鬼管理

受験勉強に必要なモチベーションとは何か

難関大学に合格するには3000～4000時間の勉強時間が必要です。しかしこれだけの時間を自学自習に充てながら分析改善のサイクルを回し、結果を出していくには十分なモチベーションが必要になります。

いつ、どこで、誰が、何を、なぜ、どのように勉強するか——いわゆる5W1Hを明確化した鬼管理の勉強スケジュールを設定し、あとはこのとおりにやるだけという状況をつくり出してもなお、やる気が起こらないとか、いまひとつモチベーションが湧かないという人がいます。しかし今日はやる気が出ない、といって勉強に手をつけられない日があるようでは必要な勉強時間を確保できなくなり、合格はどんどん遠のいてしまいます。

モチベーションとは人が行動を起こす要因や理由を意味します。受験勉強で結果を出すためには、大きく分けて2つのモチベーションが必要です。1つは、なぜ難関大学に合格しなければならないかを理解し、絶対に合格したいという強い思いをもつことです。要するに、受験勉強という努力を重ねる価値があることを心の底から納得している必要があるのです。今の実力で合格できる大学に行けばいいじゃないか、という思いがあると、勉強を続けるモチベーションを維持できなくなってしまいます。

そしてもう一つのモチベーションは、日々の勉強そのものが楽しくなったり、やる気が湧いたりしてきて、意欲的に勉強を継続できるようになるサイクルを回すことです。これも難関大学に行きたいという気持ちと同じぐらい重要で、これがないと勉強が必要だと分かっていてもなんとなく気が乗らないとか、本当に合格できるのかなどという疑問が生じてしまって、学習の効率が落ちてしまうことがあります。

この2つのモチベーションは、いずれももとうと思うだけで簡単にもてるものではありません。ではどのようにすれば受験勉強のモチベーションを最大化し、維持していくことができるのでしょうか。

勉強そのものが楽しくなってやめられなくなる方法

特に将来のことを意識しなくても、毎日の勉強そのものが楽しくなる、やる気になる、そんなモチベーションを生み出すことができたら受験生は無敵です。

勉強しようと思うと気が重くて面倒だなと感じてしまう人は、スマホを触ったりゲームをしたりするときだって、気が重いとか面倒だと思ってもおかしくないはずです。ところが実際は、今日はスマホを見たくないとか、ゲームをするモチベーションがいまひとつ上がらないなどと感じる人は、あまり聞いたことがありません。

むしろ、今の自分にはスマホを触るより勉強するほうがはるかに重要だと頭では分かっていても、ついスマホに手が伸びてしまうものです。そこには本人が意識していなくても、スマホを触りたいという強烈なモチベーションが存在しているのです。

いったい何が強いモチベーションになるのかというと単純明快で、とにかくスマホが楽しいからです。友達とメッセージのやり取りをすると楽しい、SNSの投稿を見るのが面白い、お気に入りのYouTubeチャンネルを観るとストレスが吹き飛ぶなど、スマホを触ることで得られるさまざまな楽しみや解放感を知っているからスマホを触りたくなるのです。スマホで得られる楽しいというフィードバックが強いモチベーションになって、スマホに手が伸びてしまうのです。

このプロセスを分解すると、スマホを触るという行動によって楽しいという感情が得られ、その結果からスマホに対する強いモチベーションが生まれ、またスマホを触るというプロセスを繰り返していることになります。モチベーションは行動の結果から生まれ、良いフィードバックが得られるほどにそれがどんどん強化されていくのです。

だとすれば勉強でも同じプロセスを実現することで、スマホを触るのと同じくらい強いモチベーションが得られることになります。1時間勉強して、そこになんらかの良いフィードバックや成果、手ごたえが得られれば、次の1時間もまた勉強を頑張りたいと思えるはずなのです。

塾生のなかには勉強をまるでゲームのようにとらえ、難問をクリアして次のステージに進むような感覚で取り組んでいる人もいます。そんな人の受験勉強を見ているとまさにこうした良いモチベーションのサイクルを回しているように思えます。彼は偏差値を上げることに対しても、まるでゲーム内でのレベルを上げていくような気分で楽しんでいたのです。

ここまで来ると日々のインプットも、例えばゲームの世界で敵を倒してレベルアップするための武器をそろえていくのと同じなのかもしれません。勉強自体がエキサイティングなゲームになり、朝から晩まで夢中になって勉強してしまう、東大に合格するような学力を身につける人は、勉強がまるでスマホのように楽しくて仕方がないものになっているのだと感じました。

逆にいえば、いつもやる気が湧かないと言っている生徒の多くは、勉強でもたらされる良いフィードバックを実感できていません。勉強したけど成績が上がらない、理解できた実感もない、だからモチベーションが生まれないのです。

これはダイエットのようなもので、いくら頑張っても結果が出ないと投げ出してドカ食いに走りたくなりますが、少しずつでも体重や体脂肪が落ちて理想の体形に近づいていることが実感できれば、つらい運動や食事管理にもやる気が湧いてくるはずです。受験勉強でも日々のモチベーションを上げるには、まずは勉強という行動がもたらす良い結果を出して、それを認識し、強化していくことがポイントになります。

勉強で良い結果を出し、モチベーションを上げる方法

勉強のモチベーションを生み出すには、行動の結果、良いフィードバックを得ることが

必要です。偏差値が大幅に上がったという結果が出ればやる気も出るでしょうが、重要なのはその結果を出す以前のモチベーションです。スマホのように動画を再生した瞬間に面白いと思えるスピード感にはかないませんが、毎日の勉強で良い結果を実感できれば、モチベーションは上がり勉強は継続できるはずです。

毎日の勉強で結果を出し、それを正しく認識するには、2つの方法があります。

①結果のハードルを下げる

偏差値が上がるのを待つのではなく、良い結果そのもののハードルを下げてみるのです。ゲームのように昨日は倒せなかった敵を倒した、武器を増やしたといった小さな成功に注目するわけです。

例えば、解けなかった問題が解けるようになった、昨日まで知らなかった単語を覚えたというプラスの成果に注目すると、勉強を終えるたびにその時間でできるようになったことを振り返り、よい結果を実感できれば、次の行動につなげられるはずです。

それまでは点数や偏差値が上がったときに感じていたモチベーションのハードルを下

げ、日々の成果に注目して小さなフィードバックとモチベーションを積み重ねていきます。昨日まで知らなかった英単語を覚えたこと、使い方がよく分からなかった公式を使って問題が一つ解けたこと、いずれも素晴らしいことで、前日よりも着実にレベルアップしているのです。

②分析改善を着実に行う

終わらせるだけの勉強、授業を受けるだけの勉強では、良いフィードバックが得られないのでモチベーションにはつながりません。分からなかったことが分かるようになったという実感を得るには、正しい自学自習が必要です。

例えば、以前間違えたのと同じ問題をまた間違えてしまうと、モチベーションを大きく下げる要因となってしまいます。このときなぜ間違えたのかという理由がはっきりしなければ、次に似たような問題が出たときに解ける自信がつきません。分析改善をして、自分の穴を見つけて埋めることで、この範囲をマスターできたという自信につながり、成長した実感が湧くのです。

できなかったことをできるようにするための勉強を常に意識することで、それがモチベーションの糧となります。日々のモチベーションを上げる方法というのは、すなわち正しい勉強を継続することにほかなりません。まずはとにかく行動し、行動することで小さな結果が出て、それが日々のモチベーションを向上させてくれます。そのサイクルがうまく回ることで、モチベーションはさらに高まり、成績はグングン上がっていくのです。

それでもやる気が湧かない、と感じたら、とにかく行動のハードルを下げてください。まずは最初のページだけでいいからやってみよう、1語だけ覚えてみよう、そうやってハードルを下げて行動を始めることで、次のページ、次の単語に取り組むモチベーションが生まれてきます。

そんな難しい大学は無理だよ、と言われてしまったら

私が経営する塾に問い合わせをしてくる受験生のなかには、周囲の心ない言葉に傷ついた人や、自信を失ってしまった人も多くいます。具体的には、高校の先生からそんな難しい大学に合格者を出した実績はないとか、君には合格は無理だと言われたり、友達に失

笑されたりといったことです。特に進学校ではない学校で孤独に受験勉強をしている生徒は、同じように勉強を頑張る仲間が近くにいないうえに、先生も指導のノウハウをもっておらず、自信を失い不安でいっぱいになっていることがよくあるのです。

しかしそんな心ない周囲の発言などいちいち真に受ける必要はありません。過去に生徒を難関大学に合格させた実績がほとんどない先生であれば、何も分からずに前例だけを見て適当なことを言っているだけかもしれません。「その偏差値から合格させることは自分にはできない」と、指導者としての無能ぶりを自らさらしているだけのことです。

過去の受験生がこうだったから未来の受験生もこうなるとは限りません。なぜなら「条件が違う」からです。仮にすべての条件が同じであれば本当にそうなるかもしれません。しかし過去の受験生よりも、多くの勉強時間で、そして圧倒的な勉強効率(勉強法)で勉強すれば、合格は決して不可能ではないのです。その学校や先生の教え子には難関大学に合格するだけの努力をした人がいなかったというだけでなんの関係もないし、だったら過去の卒業生より努力すればいいだけの話です。

そして、難関大学を目指すといった決意を笑うような友達は、本当の友達ではありません。受験期間中も相手をしてくれる遊び相手を確保したいだけで、この先も勉強の邪魔をしてくる可能性もあります。すぐにでも関係を断ち切ってかまいません。

逆に、学校や塾の卒業生などが偏差値を大幅に伸ばして合格をつかんだ体験記を読むと、やる気が出てくるという人も数多く存在します。それは、もしかしたら自分にも同じことができるのではないか、と思えてくるからです。現実にはスタートラインが低いほど難易度は高く実現できる人は限られますが、自分にそれができないと言い切ることなど誰にもできません。できるかもしれない、やってみたい、と思ったら、その気持ちを大切にすべきです。やろう、と決めたところからすべてが始まります。諦めずにチャレンジをすることが、実現への第一歩です。

模試の結果が悪くて自信を失ってしまったときの対処法

中学から成績が良くない状態が続いている生徒のなかには、自分の能力に強いコンプレックスをもっている人も少なくありません。自分はバカだ、物覚えが悪い、呑み込みが悪いと卑下していて、部活動などに本気で打ち込んだ経験がない人は受験勉強をやり遂げる自信ももっていません。こういう人は先生からも否定されたり、親をガッカリさせてしまったりした経験が積み重なって、なんでもネガティブにとらえてしまいがちです。

私の塾の塾生のなかにもそういう人がいました。ある女子生徒は、暗記をするのがいちばんつらい、と言っていました。英単語を何度書いてもスペルを覚えられないことが続くと、自分の物覚えの悪さを突きつけられている気がするのだそうです。そうやって自分を責める癖がついてしまうと、勉強そのものが大きなストレスになってしまいます。

受験勉強では、すんなり理解できないことや覚えられないことに数多く直面します。できないことをできるようにすることで初めて成績が上がるのですから、勉強とはできないこととの出合いの連続であるともいえます。そのたびに自分はやっぱりだめだと落ち込むのではなく、逆に成長できるポイントに出合えたと思うべきなのです。

暗記をするときは本来、この場で覚えようとする姿勢が重要ではあるのですが、ストレスを感じやすい人はあまり考え過ぎてはいけません。忘れてもまた覚えればいいのだと気楽に考えて、リラックスして取り組むことも必要です。

模試やテストの結果が悪かった、という場合も同じです。模試やテストは大学入試本番の合否には関係なく、あくまでその時点での実力を知り、改善するためのツールに過ぎません。だからその結果で一喜一憂することに意味はなく、そんなことよりも得点できなかったところはどこか、なぜ得点できなかったのか、この問題を得点できるようになるにはどうすればいいかということを冷静に分析し、対策をしなければなりません。

落ち込むことで偏差値が70になるのであればいくらでも落ち込んでいればいいのですが、現実には落ち込むメリットはゼロです。むしろその間にできる勉強ができなくなるというデメリットしかありません。時間と費用をかけて受けた模試ですから、それを成績アップにつなげなければ受けた意味がありません。

落ち込んでしまったときはリフレーミングが効果的です。リフレーミングとは、物事を見る枠組み（フレーム）を変えて違う視点でとらえることで、ポジティブに解釈できる状態にすることです。ですからこう考えてみればいいのです。模試で見つかった弱点を埋めれば、成績は必ず上がる。埋めるべき弱点が早い段階で見つかったのはむしろ幸運。そう思ったら、あとはやればいいだけです。

そもそも、できない自分に出会うのは、自分が前進しようと挑戦しているからです。まずはそんな自分を認め、褒めてあげることが大切です。

本当の「失敗」とは何か――それは「失敗の原因が分からないこと」です。「なぜ偏差値40を取ってしまったのか分からない」となってしまえば、また同じことが起きてしまいます。模試で悪い偏差値を取ってしまったことが失敗なのではありません。再発防止策が打たれていない、それこそがまさに「失敗」なのです。

しかし、失敗の原因が分かってさえいれば、今この瞬間に「同じことをしなければいい」だけです。失敗の原因を言語化して、次につなげていればそれは「失敗」ではなく「成功」につなげるための一歩となります。過去に成功体験がないから今も成功できないというのは拡大解釈であり、失敗した原因を見つけ、解決策が施されていれば同じ失敗をすることはないわけです。

過去にとらわれず今だけを見て「必要な対策」を言語化して行動すれば、必ず「未来」は拓けます。そう考えれば、受験にも人生にも「失敗」などないのです。

［第6章］

偏差値30アップも夢じゃない！
鬼管理で合格した事例

私が経営する塾でサポートを受けながら鬼管理を実行し、志望大学への切符をつかんだ元塾生はたくさんいます。その経験から、どんなレベルの受験生でも鬼管理での正しい勉強を継続することで成績は上がり、志望大学との距離を縮めていくことができると私は考えています。

CASE 1
偏差値30台から60台に急伸で明治大学に合格！

大手の塾や予備校に対して漠然とした抵抗感をもっていたことから、外部のスクールには頼らずに受験勉強をスタートしていたAさん。明治大学を目指して独学を頑張っていましたが、苦手な国語の成績低迷がきっかけで、自学自習の方針に共感した鬼管理専門塾への入塾を決意しました。

入塾当時の国語の偏差値は30台で、特に現代文が苦手で問題文をどう読めばいいのかもどう解答すればいいのかもまったく分からない状態でした。しかも彼が自分で立てたスケジュールは、合格というゴールから逆算する学習計画になっておらず、参考書を買ってきていつまでに終わらせる、といった場当たり的なものでした。

そこで明治大学合格に必要な学力を身につけるための教材をそろえ、それらを入試の日までに完璧にマスターするための計画を講師と一緒に立てました。最初はなかなか毎日の勉強スケジュールをこなすことができず、スマホを触っていたら時間が過ぎてしまったということも多かったのですが、憧れの明大との距離を縮める学習計画の内容を講師と改めて確認したところ、このままでは間に合わないと危機感をもつようになり、主体的に勉強を進めるようになっていきました。

苦手の現代文は、まずは講師と一緒に問題文を読み、なぜ得点が伸びないのか、彼の読解にどんな問題があるのか、問題点を探しました。

そこであぶり出された課題は、Aさんが現代文を感覚的に理解しようとしていたことでした。単語一つひとつの意味をとらえて理解するプロセスを飛ばしてしまっていたので、ぼんやりとした理解しかできなかったのです。

そこでキーワードの学習を徹底し、助詞や接続詞に至るまで気を配りながら精読する練習を重ねました。この学習が奏功し、Aさんは着実に正答できるようになっていき、本人もそれを実感できたようです。さらに「今までの自分は長文をまったく読めていなかった」と過去の自分を振り返る姿も見られました。

ただ、講師に指摘されて初めて自身の課題を知るようでは、常に講師がついて勉強しなければならないことになり、自学自習を完成できません。自身の課題はどこにあるのかを見つけ、何が分かっていないことで解けなかったのか、どうすれば解けるようになるのかを一つひとつ自分で分析改善していく練習を重ねたことで、ほかの教科でも成績が徐々に上がってきました。

特に得意の英語は当初から偏差値50を超えており、分析改善のサイクルをスムーズに回しながら順調に成績を上げていました。このままいけば問題なく合格できるだろうと思われた矢先に、予期せぬ事態に見舞われました。最後の模試で、偏差値がガクンと下がってしまったのです。

なぜ得点できなかったかを分析したところ、見覚えはあるけれど意味が思い出せない単語が多くあったことが分かりました。鬼管理のスケジュールでは、英単語は比較的早い段階でカバーしますが、なかには入試直前期になるとその記憶が薄れてしまう人もいます。

そこで、すでに何度も学習した単語帳を再度見直し、確認を重ねたことで、過去問や難関大向けの長文演習でもしっかり得点できるようになりました。何度も頭に叩き込んできた単語であれば、たとえ忘れかける瞬間があったとしても、その記憶は比較的簡単に呼び戻すことができます。

自信を回復して入試に臨んだAさんは、商学部や経営学部など受験した学部すべてに合格し、晴れて憧れの明大生になることができました。

CASE 2
コンプレックスを力に変えた早期スタートで慶應合格

関東の私立高校に通っていたBさんは、早い時期から大学受験を意識し、高2の春から受験勉強を開始しました。スタートは早いに越したことはないですが、実際には部活や友達と遊ぶのが楽しい高1～高2の段階では、分かっていてもつい先延ばしにしてしまう人が多いものです。そんななかで、彼女がいち早く受験勉強をスタートできた理由は、コンプレックスにありました。

実はBさんは、高校受験で失敗を経験していました。第一志望の公立高校に合格できず、滑り止めの感覚で受験した偏差値50以下の私立高校に不本意ながら進学することになったのです。

彼女が入学した高校はもともとレベルが高くないせいか、周りの友達の勉強に対する意識も高くありません。難関大学の合格者も年1～2人がせいぜいで、当然ながら周囲には高2で受験勉強をスタートしている友達などいません。このまま周りに流されて同じような生活を続けていたら大学受験でもまた同じように失敗してしまう、とBさんは強い危機感を抱いたそうです。

もう二度とあんな悔しい思いはしたくない、大学受験でもこんなコンプレックスを味わってしまったら自分は一生負け犬で終わってしまう、と彼女は感じたと言います。このコンプレックスを克服するため、Bさんは慶應義塾大学を目指して受験勉強をスタートすることを決意しました。

受験勉強に限りませんが、人はこの大学に行って楽しいキャンパスライフを送りたい、大企業に就職したいといった前向きな理由よりも、コンプレックスや危機感に突き動かされるほうがモチベーションは高まり、行動に移しやすい傾向があります。劣等感まみれの自分を変えたいという一心で、遊んでばかりのクラスメートを横目にBさんは自学自習を継続しました。

偏差値50に満たない高校で1年以上を過ごしていたので、入塾時の彼女の成績は偏差値50弱程度と決して高くありませんでしたが、高3の夏休み前にはMARCHの過去問を無理なく解けるまでになっていました。年末の模試ではいよいよ慶應義塾大学が合格圏内に入り、自信をもって入試本番に臨むことができました。慶應合格をつかんだ彼女の瞳からは、入塾当時の劣等感はすっかり消え、自分の力で夢を叶えた自信に満ちていました。

彼女の勝因は強いコンプレックスに突き動かされたことで、周りに流されずに鬼管理の自学自習を継続できたことに加えて、早い時期にスタートできたというアドバンテージが大きかったと思います。鬼管理の勉強スケジュールは目標から逆算するので、スタートは早いほど有利です。受験にはフライングはありません。サッカーで例えるなら、先にスタジアムに到着したチームからシュートし放題で、それらがすべて得点にカウントされるようなものです。キックオフの笛が鳴る頃にはすでに大差をつけて余裕の試合運びができるのですから、とにかく受験勉強は一日でも早く始めるのが有利になります。

CASE 3
まさかの推薦不合格……。2カ月の集中管理で立教大に合格

ではなんらかの理由でスタートが遅れてしまった場合、望みはないのかというと、決してそんなことはありません。

関東の中高一貫校に通っていたCさんは特に塾や予備校には通っていませんでしたが、学校の定期テストの試験勉強には毎回力を入れて取り組み、成績は高い評定をキープしていました。さらに生徒会役員として生徒会活動をリードし、部活でも部長を務めるなど活躍していました。成績はもちろん、それ以外の活動でも校内で高い評価を受けていたことから、学校推薦型選抜で志望大学にチャレンジすることを早くから決めていたのです。学

校の先生も大丈夫だろうと太鼓判を押してくれ、合格には手ごたえを感じていました。しかし彼女に告げられた選抜の結果は、まさかの不合格でした。それまでこの大学に推薦合格することしか考えておらず、勉強も学校の定期テスト対策しかやってこなかったCさんは、目の前が真っ暗になったそうです。

それでも落ち込んでばかりはいられません。彼女に残された道は、残りの期間で一般入試に挑むことだけでした。入塾時はすでに12月、一般入試本番まで約2カ月しかないなかで、Cさんは鬼管理で自らを追い込んでいくことを決意しました。

英語は得意科目でしたが、国語と選択科目はまだまだ伸ばす必要がありました。そこで志望校をもともと行きたかった立教大学文学部に決定。当時の国語の偏差値は約50、立教大学合格をつかむには偏差値を10以上上げなければなりませんでした。

この場合、春スタートの受験生と同じ量の勉強をしていてはとても間に合いません。得意の英語は、英単語と読解、過去問に絞り、英単語は1日800個覚えました。古文は春スタートの標準的な受験生の1日の勉強量の8倍をこなしました。1日の勉強時間は15時間に達し、まさに鬼のように生活を管理し、受験勉強に専念する2カ月を過ごしました。

そして臨んだ一般入試で、Cさんは見事立教大学に合格を果たしました。ほかにも東京女子大学、成城大学、武蔵大学からも合格通知を受け取りました。

Cさんの勝因は、2カ月の間、超高速で回し続けた分析改善です。復習の回数を満足に取れる時間がないので、間違えた問題や理解があいまいなところは、間違えた原因と理解が不足しているポイントを徹底して分析し、その場で完璧に埋めていくことを徹底しました。

スタートが遅れたこと、十分な勉強時間が取れないことは、圧倒的に不利な要因であることには変わりはありません。しかし遅れたことを悔やんだところで時間は戻ってはきません。勉強を始めなければ、と思ったその瞬間が最も時間がある状態で、それを明日、明後日と先延ばしするほど勉強時間は減り、不利になっていきます。

時間がないというのは動かしがたい現実なので、それをいくら嘆いても事態が改善することは決してありません。それよりも、今ある条件のなかで勉強時間を極限まで増やす、伸びしろの大きい苦手分野に集中する、試験科目の少ない大学で勝負をするなど、今できる対策に集中するべきです。

CASE 4
予備校のない地方から慶應合格！　卒業後もナチュラル鬼管理ライフを実践

Dさんが通っていた九州の小さな町の高校はさまざまなレベルの生徒が混在し、大学に進学するよりも就職する生徒のほうが多いような学校でしたが、彼は校内では入学当初から成績上位をキープしていました。成績の良い生徒は先生から地元の国立大学の受験を勧められるのが通例で、過去の合格実績も県内の国公立大学と地元九州の私大がほとんどでした。

しかしDさんは、両親の影響で東京の私大に進学したいという思いがありました。関東圏の大学の合格実績が極端に少ないこの学校で良い成績を取れていても、決して安心材料にはならないことに気づき、強い危機感を覚えるようになったと言います。

そこで、高2の冬にオンラインで利用できる鬼管理専門塾に入塾することを決意し、本格的な受験勉強を始めました。理系を志望していたので英語と数学を受講することに決め、高2のスタート時は1科目あたり1日2時間ずつ、自宅の勉強部屋で学習を始めました。

基礎レベルは簡単に終えられると甘く考えていましたが、実際にやってみると意外と理解が怪しいところやあいまいなところがあぶり出されてきたと言います。それまでは90点も100点もあまり変わらないと思っていましたが、小テストで理解を確認する際にその10点の重さを実感するようになりました。それからは100点を目指す学習を意識し、理解がどんどん深く、そして研ぎ澄まされていくのを感じたそうです。

最も集中できる勉強の場が自分の部屋になるような工夫もしました。机の上にはそのときの勉強に必要なものだけを置くようにし、終えるときにはすべて片づけて、翌日も余計なものを視界に入れずに学習をスタートできるようにしました。

照明の色にもこだわり、自身が最も集中できると感じる白色のライトに統一し、アロマを焚いて良い香りを漂わせるようにしました。無駄なものが視界にない勉強机に向かい、真っ白な照明といつもの香りをかぐと、瞬時に勉強モードにスイッチできるようになりました。

その分、ほかの時間はリラックスすることを重視し、食事中は家族とのコミュニケーションの時間にしました。食後30分は勉強してもあまり集中できないことに気づいてからは、その時間をスマホの時間に充てることにしました。メッセージアプリで友人からの連絡に返信し、SNSをひととおりチェックしたら自室に戻って勉強を再開する、というサイクルを繰り返しました。

高3になると休日は1日12時間ほど勉強するようになりましたが、長くなり過ぎて疲労が溜まらないよう平日は学校の時間も活用したそうです。得意の化学は学校で完結させると決め、授業を集中して受けて、予習復習、アウトプットは休み時間や自身の受験に関係ない地歴の時間などを利用して取り組んだそうです。授業の邪魔になったり目立ったりすることのないよう配慮していたので、先生も黙認してくれたそうです。

こうしてDさんは順調に偏差値を伸ばし、見事、慶應義塾大学総合政策学部に合格を果たしました。現在は学業のかたわら、スタートアップ企業に入社して、ビジネスにもチャレンジする刺激的な毎日を送っています。仕事でも鬼管理を活用して達成すべき目標を設定し、そこから逆算して日々の行動計画を立てているそうです。

Dさんは、あらゆることに最短距離で結果を出すよう行動する〝ナチュラル鬼管理ライフ〟が自分のなかに定着したと感じると話しており、受験後の毎日にも鬼管理をフル活用しているそうです。

CASE 5

弱めメンタルを鬼管理で克服、国公立狙いから私立に志望変更が奏功

入塾当時、浪人生だったEさんは、現役時代に国公立大学を受験しましたが力及ばず、受験勉強を続けていた生徒です。

それまでは漫然と国公立に憧れをもっていましたが、将来やりたいことが見つかり、志望大学も私立大学に変えたいと9月に入塾してきました。当時通っていた予備校は国公立大学対策に重点をおいた指導が中心だったうえ、半年近く勉強してきたのにほとんど成績が上がらなかったことで、転塾を決意したそうです。

予備校や塾に通っていた生徒の傾向は大きく2つに分かれます。1つは主体的な姿勢で授業を聴いて、それを身につけるために積極的な自学自習に取り組んでいたような生徒で

す。こうした生徒は主体的に勉強してきた経験から基礎力はあるのですが、その予備校の講師の思考回路が染みついており、勉強法にもやや癖があります。このため、鬼管理の勉強や分析改善に慣れるのに時間がかかることがあります。

そしてもう一つのパターンはまったく癖がないタイプです。受け身で授業を聞いているだけだった人が多く、基礎学力は高くありませんが、鬼管理のスタイルを素直に受け入れることができると成績は大きく伸びます。彼女の場合は後者のパターンでした。私にはもうあとがないんです、と浪人生ならではの悲壮感を口にすることが多く、当初はそれをバネにして鬼管理の勉強スケジュールを意欲的にこなしていました。

ただ彼女はメンタルに弱さが見られる生徒でもありました。特に模試で思うような成績が取れないと、私なんてどうせまた落ちるんだろう、とふさぎ込んでしまい、なかなか浮上できないのです。

世の中の悩みは2つのパターンしかありません。1つは自分で解決できること、もう1つは自分ではどうにもできない、悩んでも仕方のないことです。

例えば明日、地球に隕石が落ちてきたらどうしよう、というのは後者のパターンで考えるだけ時間の無駄です。限られた脳のリソースをこうした問題に使うべきではなく、自身で解決できる問題に集中しなければなりません。

しかしメンタルが弱い人は、悩んでも仕方がないことに意識が向いてしまいがちで、自分で解決できる問題でさえも、その無駄な悩みに飛躍させてしまうこともあります。

彼女の場合、模試の成績が悪かったという現実は自分で解決できることなので、悪かった原因を探して、その原因をつぶすにはどうすべきかの対策を考え、実行すればいいだけです。それなのにこのプロセスをすっ飛ばして、私なんて受かるわけない、どうせだめなんだ、と考えても仕方のないことで頭をいっぱいにしてしまっていました。

そこでEさんには、リフレーミングを促すことにしました。模試で見つかった弱点を埋めれば成績は必ず上がるので、模試を受けてそれが見つかったのは彼女にとって大きな価値があったのです。

なんでもネガティブにとらえて落ち込むことが多かったEさんでしたが、少しずつリフレーミングができるようになり、勉強に集中できるようになりました。入塾時には50程度だった偏差値も上向き、志望していた法政大学に見事合格できました。

［第7章］

大学受験以外にも応用できる！社会へ出てからのさまざまな課題も鬼管理で解決

鬼管理をマスターすれば一生使える

鬼管理は決して勉強のためだけの仕組みではありません。私が鬼管理という名前をつけて受験生向けメソッドとして紹介しているだけで、その本質は目標を実現するための普遍的なアプローチです。社会で成功している人、目標を実現している人はもちろん、カリスマ企業経営者や歴史上の偉人なども、おそらく同じような方法で成功にたどり着いているのではないかと思います。

こうした人たちも多くは大人になってから鬼管理を始めていると思われますが、高校生という早い時期に鬼管理を身につければ、もはや無敵といっても過言ではありません。これからの長い人生では誰もが乗り越えるべきたくさんの課題に直面し、実現すべき目標も次々と更新していくことになるでしょう。しかし受験勉強で身につけた鬼管理、要するにゴールから逆算した具体的な行動計画を立てて実行し、分析改善のサイクルを回す力を発揮すれば、着実にあらゆる目標を最短距離で実現できるようになるのです。

また、鬼管理は決して根性論ではなく、努力を無条件に美徳とする姿勢とは明らかに違います。世の中では努力やプロセスが過大評価される傾向にあり、努力すれば夢は叶うとか、努力することが大切だと言う人もいます。しかし、結果がモノをいう世界ではプロセスにほとんど価値はありません。

努力はあくまで目標実現に必要だから行うもので、その方向が間違っていれば決して結果にはつながりません。間違った努力を重ねたところで、無駄に時間と体力を消耗するだけで、人の100倍頑張っても目標は実現できないのです。

君たちはこれまで周りの大人から、結果はどうあれ頑張ったことを評価される機会が多かったのではないかと思います。それは子どもという未熟な存在にとっては、結果よりもプロセスから学ぶ価値のほうが大きいことが多いからです。

しかし大学受験ではそれは通用しませんし、社会となればなおさらです。失敗から学ぶことにも価値はありますが、それは結果とはまったく別の話です。失敗を経てつかんだ成功にも価値はありますが、失敗せずに最短距離で成功できる道があるならそちらのほうがいいに決まっています。

鬼管理の本質は、目標を定めて逆算し、正しい努力に絞って自らのリソースを投入し、最短でゴールにたどり着くためのスキルです。鬼管理を勉強以外に応用していくには、自分で正しい努力とは何かを見極めることが重要になります。

自分の〝歩幅〟を正しく見極めよう

この本では難関大学に合格できる学力を身につけるために何をするべきか、要するに受験勉強の正しい努力とは何かを受験生が自分で判断するのは難しいという前提で、私が経営する塾で使っているひな型を提示してきました。君はそれをベースに、今の自分の現在地に合うよう調整していけばいいので、計画を立てること自体にそれほど難しさを感じなかったはずです。

しかしこれからは受験以外の目標に対し、自分で最短距離の計画を立て、それを月、週、日の単位まで落とし込み、抽象性を排除して自分が取るべき具体的な行動がすべて分かっている状態をつくり出さなければなりません。

ゼロから計画づくりに取り組む際には、まず自分の歩幅を正しく見積もることがカギになります。例えば、営業マンがあと3日で1000万円の売上を達成しなければならない、という状況になった場合、その人の歩幅によって立てるべき計画はまったく異なります。

もしその人が売っている商材が1000万円のものであれば、一つ売れれば目標はクリアできます。すでに興味を示している見込み客リストのなかから有望な顧客にプッシュしてもいいでしょうし、3日以内に決めればなんらかの特典を提供するようなアプローチも効果的です。

しかしその人が売っている商材が10万円であれば、その人がやるべきことはまったく異なります。見込み客の元に出向いて売り込んでも、それを3日の間に100回実行して100%成約させるのは不可能です。「気合いでなんとかしろ」などと間違った指示を出す上司の言うことを鵜呑みにして、顧客の元へ飛んで行ってはいけないのです。この場合は、例えば社内に顧客情報が集積されているのであれば、全員にDMを送って何千、何万の人に一度にアプローチして反響があった人に提案していったほうが現実的です。

自分が1日にできることは限られるので、自分の1日の歩幅はどの程度なのかを認識し、実現可能な計画を立てることが重要です。受験生であれば、自分が1日にこなせる勉強量や、1時間で覚えられる単語数などを把握したうえで計画を立てないと、思いどおりに進めることができません。

自分の歩幅と目標があまりにもかけ離れているのであれば、どんなに努力しても無駄足に終わってしまいます。だったら歩幅を広げる方法を探すか、目標を動かす必要があるのです。自分の歩幅を客観視して、少しだけ背伸びをすれば実現可能な目標に落とし込んでいくことが、鬼管理の肝になります。

大学に入学してからも鬼管理の出番は多い

大学生活でも、鬼管理を活用すればより充実した学生生活を送れるはずです。試験勉強はもちろん、就活（就職活動）を意識した資格試験にも大いに活用できます。特に英語関連の資格取得を目指した鬼管理サポートは私が経営する塾でも人気で、英検であればリーディング、リスニング、ライティング、スピーキングの４技能に分けて、大学受験と同様にスケジュールを作成し、鬼管理を実践してもらっています。ＴＯＥＩＣやＴＯＥＦＬも同様に、それぞれの塾生が目標とするスコアに到達するために必要なトレーニングを逆算して、日々の行動に落とし込むサポートをしています。

大学生にもなると、部活動やサークル活動などでも、イベントの実施や参加などのお金と労力を投下し社会と関わっていく活動も増えます。大きな仕事を細かく分割し、行動計画を立てて管理していくプロジェクトマネジメント的な要素が強くなるので、こうしたときこそ鬼管理を活用し、逆算と歩幅の思考で計画を立てる力を発揮できるはずです。

就活も同様です。やみくもに活動しても疲れるだけで結果にはつながりません。どの業界、どの企業を志望するかを明確化し、そこはどんな人材が求められているのか、自分に足りないスキルや経験は何か、どんな準備が必要なのかを客観的に見積もり、現在地との距離を見極め、計画を立て、実行します。大学に入学してすぐに目標を決める必要はありませんが、受験勉強と同様にフライングはないので、業界を問わず共通して求められるスキルや人物像を意識して、今できる行動からスタートしましょう。

ダイエットやボディメイクも鬼管理を応用しやすい分野です。3カ月後に3キロ落としたいといった目標を定めたら、そのために1日の摂取カロリーをどの程度まで抑えなければならないのか、有酸素運動も並行して行い消費カロリーを増やし、歩幅を大きくするといったことも考慮しながら計画を立てます。筋肉を鍛えて増量したい人も同様に、目標から逆算して具体的なトレーニングメニューと栄養管理の計画を立て、実行します。

そして社会人になれば、それこそ毎日が鬼管理の連続です。着実に結果を出し続けられる人材はどんな組織でも高い評価を受けられますし、独立起業しても最短距離で成功をつかめるはずです。私が経営する塾でも多くの元塾生がアルバイトとして働いてくれていますし、なかには正社員として仲間になってくれた人もいます。彼らを見ていると、やはり息を吐くように鬼管理ができる人は成長の速度が圧倒的に速いと感じます。

小中学生に鬼管理は可能か

この本の読者のなかには、小中学生の弟や妹がいる人もいるかもしれません。鬼管理の受験勉強で目標を実現した暁には、ぜひ高校受験や中学受験、あるいは英検や漢検などを目指す弟妹にもそのスキルを伝授してあげてほしいと思います。実際、私が経営する塾では高校受験サポートも提供しており、多くの実績が積み上がっています。

とはいえ鬼管理は自学自習の積み重ねなので、やらされ感が強いとうまくいきません。絶対にあの学校に行きたい、合格したいという思いが本人にあるといいのですが、年齢が低くなるほどなかなかこうした動機づけが難しいものです。分からなかったことが分かるようになることや、自身の成長そのものが楽しく感じてもらうのが理想ではあるのですが、それを実感するためにはまず実行する必要があります。

こうしたときは、ゲーム的な要素を取り入れて勉強そのものが楽しくなるよう工夫してみる手もあります。モチベーションのサイクルが軌道に乗るまでは、テストで何点取れたらご褒美だとか、計画どおりに全部できた日にはカレンダーにシールを貼るというような方法を試してみてもよいと思います。

目標を達成できなかったときは

目標を達成できそうにないという事態は、計画の失敗を表しています。その原因は、見積もっていた自分の歩幅が足りなかったか、あるいは計画そのものに無理があったかのどちらかです。歩幅を大きくするための対策を再考して実行するか、それが不可能な場合は目標を修正することになります。

計画の中断や変更には勇気が必要ですが、軌道修正は早いほうがダメージを少なくできます。目標を達成できないとうすうす分かっているのに、やめることができずにずるずると続けて結局達成できなかったとなると、これは大いなる時間の無駄です。ですから達成できないと分かった時点で、速やかな修正が必要なのです。

最初は自分の歩幅が分からなくて、うまくいかないこともあると思います。しかし回数を重ねるうちに自分の歩幅の見積もり方も分かってくるので、鬼管理そのもののスキルが上がり、目標実現のスキルも向上していきます。高い評価を受けている社会人や経営者などは、小さな目標であっても計画を立ててたくさんの鬼管理を積み重ねてきたからこそ、大きな目標を達成できています。そして歩幅そのものも広がっていくことで、結果を出すまでのスピードも速くなっていくことを実感できるはずです。

次のゴールを決めるのは、自分自身だ

大学受験は、進学を目指す高校生に与えられたゴールです。進学校にいれば否応なしに大学受験を意識させられますし、大学卒業後のビジョンが定まっていなくても、とりあえず周囲と同じように大学を目指すという人は多いはずです。

しかしこれからの人生では、目標そのものを自分で決めて行動しない限り、ただ流されていくだけで何一つ得られません。避けては通れない最低限のゴールをクリアするだけでは、待っているのは平均的かそれ以下の人生です。

大学で単位を取得しなければならない、4年で卒業しなければならないというのは与えられた課題ですが、在学中に留学をしたい、就職活動が始まるまでにTOEICのスコアを800に伸ばしたい、憧れている企業でインターンをしたい、30歳までに年収を1000万円にしたいといった目標は、すべて自分で定めて実行するからこそ、実現できるものです。君にとって豊かで、満足度の高い人生を送りたいなら、自分自身で目標を定め、実現していく力が必要なのです。

大学受験という決められたゴールとは異なり、ゼロから目標を設定し、計画をつくることはときに難しく感じることもあるでしょう。最初から最短距離の計画にできなかったり、修正を余儀なくされたりすることもこれから数多く経験していくと思います。それでも、こうした経験はその後の鬼管理を洗練させ、人生を思いどおりに進めていくための強力なスキルになっていくはずなのです。

おわりに

ここまで読み進めてきた君、これでもう鬼管理を身につけた——などと思ったら大きな間違いです。ただ読んだだけでできるようになるなら誰も苦労はしません。知ったことと自分のものにできたことはまったく違います。知ったことを実践してこそ、初めて本当に身につけたといえるのです。

偏差値32で進学校の落ちこぼれだった私は、演劇部の活動に明け暮れ、授業中も漫画とゲームのことばかり考えているような高校生でした。もちろんそれでいいなどと思ってはいません。できるだけいい大学に進学したいし、そのためには勉強しなければいけないと頭では分かっていたものの、実際に計画を立てて勉強を始めても30分も集中できず、3日で挫折してしまいました。

そんな私は常に劣等感と自己嫌悪に悩まされていました。いつも一緒にふざけていた仲間たちは、勉強しているように見えないのにみんな自分より成績が良くて、自分一人だけが置いてきぼりになったような感覚でいっぱいでした。仲間と遊んでいるときも、一人になったときも、ふと心臓をぎゅっと握りつぶされるような痛みを感じ、叫び出しそうになったことも何度もありました。

そんなとき、手を差し伸べてくれたのが、当時の担任の先生でした。何をすればいいか分からずに途方に暮れていた私に、志望大学に合格するまでにどんな勉強をすればいいかを教えてくれ、入試本番までの毎月、毎週、毎日、具体的に何をすればいいのかという計画を一緒に立ててくれたのです。

ようやく何をすべきか知った私はここで覚悟を決め、行動することにしました。先生のサポートを得ながら、自分でも知恵を絞って計画を洗練させ、それを実行した結果、少しずつ成績は上向いてきました。そして正しい計画を立てて実行すれば、必ず結果が出ることに気づいた私は、その後も愚直にこのサイクルを回し続け、塾にも予備校にも行かずについに難関大学に合格を果たすことができました。

毎日何をすれば志望大学に合格できるのかを明瞭に示した学習計画を立て、そのとおりに実行すれば、たとえどん底にいる人でも這い上がることはできます。とてもじゃないが届かないと思っていた難関大学に合格することも、決して夢ではないのです。

この方法が活かせるのは受験だけに限りません。大学入学後の勉強も就職試験も、そして就職後の仕事にもすべてにおいて転用できる成功のメソッドなのです。

頭の悪い人なんていません。それはただ正しい方法を知ろうとせず、知っても実践しようとしないただのなまけものに過ぎないのです。しかしこの本を読んでそれに気づいた君は、今すぐにでも変わることができます。正しい方法での勉強のやり方、メソッドを知った今、やるべきことはただ一つ——今すぐに実行することです。

この本は、何も知らずにただじたばたしていただけの過去の自分に語りかけるつもりで書きました。私と同じように、勉強についていけずにコンプレックスに押しつぶされそうになっている受験生に、グズグズ悩むのをやめて行動を変えれば、未来が180度変わることを伝えたかったのです。

高校生というのは、さまざまな葛藤で揺れ動く時期です。コンプレックスや自己嫌悪に押しつぶされたり、うまくいかないことを環境や他人のせいに責任転嫁したりしてしまうこともあるでしょう。しかしそんなことをしたところでなんの解決にもなりません。

与えられた環境だの他人の思惑だのは自分の意志では決して変えられません。そんな「定数」に期待したところで時間の無駄です。しかし自分自身は「変数」です。今すぐにでも変えることができます。人生の主導権を握るのは学校でも先生でも家庭でもなく自分であり、自分が変わることで結果は必ず変えられるのです。

鬼管理はそれを実現できる黄金のメソッドです。この本を読んだ君たちが、自身の力で力強く未来を切り拓いていくことを心から願っています。

鬼管理専門塾代表　菅澤孝平

菅澤孝平（すがさわ　こうへい）
シンゲキ株式会社代表取締役社長
SNSマーケベンチャー、人材紹介系ベンチャーを経験し独立。現在は鬼管理専門塾を運営。志望校合格率83%を達成しており数多の受験生を有名大学合格に導いている。

本書についての
ご意見・ご感想はコチラ

3カ月で志望大学に合格できる
鬼管理

二〇二三年八月三〇日　第一刷発行

著　者　菅澤孝平
発行人　久保田貴幸
発行元　株式会社　幻冬舎メディアコンサルティング
〒一五一-〇〇五一　東京都渋谷区千駄ヶ谷四-九-七
電話　〇三-五四一一-六四四〇（編集）
発売元　株式会社　幻冬舎
〒一五一-〇〇五一　東京都渋谷区千駄ヶ谷四-九-七
電話　〇三-五四一一-六二二二（営業）
印刷・製本　中央精版印刷株式会社
装　丁　村上次郎

検印廃止

Printed in Japan　ISBN 978-4-344-94708-5 C0237
幻冬舎メディアコンサルティングHP　https://www.gentosha-mc.com/